ANALYSE RAISONNÉE

DU SYSTÈME SOCIAL

DE MORELLY.

I.

NOTICE SUR MORELLY.

L'auteur trop peu connu du *Code de la Nature*, le philosophe Morelly, appartenait à ce cercle borné de penseurs profonds que le milieu du dix-huitième siècle vit s'éteindre sans bruit et sans gloire. Il y eut à cette époque, à côté et en dehors de la littérature académique, officielle, pompeuse et vaine, un remarquable mouvement d'idées pour ainsi dire souterrain; les hommes obscurs qui l'alimentaient avaient tellement la conscience de leur supériorité, qu'ils n'adressaient qu'à un petit nombre de lecteurs des idées sociales qui nous arrivent par-dessous deux révolutions et trouvent encore en retard notre siècle progressif.

Morelly, qui mêle toujours la finesse à la profondeur, et ne perd jamais ce tact précieux dont les initiateurs sont rarement pourvus, a dû connaître assez son époque pour juger que ses idées lui attireraient plus de persécuteurs que de disciples. Par prévoyance ou par dédain, il s'est tellement tenu à l'écart, qu'on ne sait rien sur sa vie, sinon qu'il est natif de Vitry-le-Français. S'il est entré dans ses vœux de rester longtemps inconnu, il a parfaitement réussi ; car son nom est demeuré caché à ses critiques et à ses premiers admirateurs.

Le *Code de la Nature*, publié en 1755, est la justification et l'apologie de l'utopie sociale proposée sous une forme romanesque et poétique dans la *Basiliade*. Ce dernier écrit est de 1753 ; il avait pour titre : *Les Iles flottantes ou la Basiliade* du célèbre Pilpaï, traduit de l'indien. En attribuant ainsi au poëte indien un plan de réforme dont il n'a pas voulu accepter la responsabilité, le prétendu traducteur de *la Basiliade* crut échapper au ridicule que des idées avancées devaient lui attirer. La routine ne put cependant les laisser passer sans en être effarouchée, et Morelly eut le plaisir, délicat pour un esprit élevé, de se voir attaqué par les journalistes d'alors, c'est-à-dire par les gens qui représentent le mieux à toutes les époques le bon sens le plus rétrograde. La *Bibliothèque impartiale* attaqua la réforme sociale exposée dans *la Basiliade* avec des raisons aussi dédaigneusement absurdes que pourrait en émettre aujourd'hui même tout journal parvenu à une humiliante popularité.

Cette critique eut du moins le bon effet de faire prendre de nouveau la plume à Morelly, qui, dans sa réponse, connue sous le titre de *Code de la Nature*, put remanier son système avec un talent plus puissant et l'exposer sous une forme plus nette et plus saisissante. La chaleur de style qui anime cette dissertation, sans en troubler l'ordre lumineux, la fit attribuer à Diderot; et les éditeurs de Hollande, qui n'y regardaient pas de si près, insérèrent le *Code de la Nature* dans un recueil fort incomplet des œuvres de ce philosophe, publié en 1773. La place honorable donnée au beau travail de Morelly à côté d'écrits déjà célèbres, servit à faire un peu connaître les idées de notre réformiste, et lui valut d'être régenté dans la personne de Diderot, par le rhéteur La Harpe, « dont la longue réfutation, dit M. Barbier, est tout à fait inutile. » *Mag encycl.*, mai 1805.

Le seul ouvrage de Diderot qui touche directement aux idées de Morelly, le *Supplément au voyage de Bougainville*, ne parut que longtemps après le *Code de la Nature* : il en est de même des principaux écrits de J.-J. Rousseau : L'*Emile*, le *Contrat social*, et en général toutes les productions du dix-huitième siècle, qui accusent la puissance rénovatrice de cette époque, sont postérieures au chef-d'œuvre de Morelly. Ainsi donc, Morelly, placé au début de ce mouvement réformiste dont 89 est une traduction encore indécise, en a dès l'abord assigné la direction et les limites extrêmes dans quelques pages écrites avec cette concision rapide donnée aux génies, qui peuvent tout résumer, parce qu'ils voient tout d'assez haut.

En commençant l'étude historique des idées sociales auxquelles nous fûmes d'abord initié par Ch. Fourier, nous étions loin de nous attendre à trouver admirablement formulées, dans un écrivain presque ignoré du siècle dernier, les plus fondamentales de ces idées. Il faut même reconnaître que Morelly a surpassé et ses devanciers, Platon, Morus, Campanella, et ses continuateurs, Mably, Owen, Saint-Simon, etc., par la lucidité entraînante et l'enchaînement vigoureux des arguments qu'il invente et qu'il rajeunit. Le *Code de la Nature* et quelques fragments choisis de la *Basiliade* placent leur auteur au rang des écrivains éminents de la France, et nul doute que Morelly n'eût obtenu de son vivant une belle gloire littéraire, s'il eût pu se résoudre à nous annoncer, en bons termes, ce que personne ne peut ignorer.

Avant d'aborder les questions sociales, Morelly s'était déjà exercé sur des matières très-diverses : il avait mis au jour, en 1751, l'ouvrage intitulé *le Prince*, 2 vol. in-12 ; et celui-ci avait été précédé de deux *Essais* sur l'éducation, qui portent le nom de l'auteur. Morelly serait en outre, d'après M. Barbier, éditeur des *Lettres de Louis XIV* aux princes de l'Europe, 2 vol. in-12, Francfort.

C'est à tort que la *France littéraire* (année 1769), et après elle la *Biographie universelle,* mentionnent deux Morelly. Tous ces ouvrages appartiennent à un seul et unique Morelly.

II.

IDÉES DE MORELLY SUR LA NATURE DE NOS PASSIONS ET LA CAUSE RÉELLE DE LEUR DÉPRAVATION.

C'est dans l'*Essai sur le Cœur humain*, publié en 1745, que Morelly a donné le résultat de ses premières études sur la nature morale de l'homme. Nous allons reproduire le passage de cet écrit, consacré à l'analyse des passions humaines, qui offre des analogies remarquables avec l'*Analyse passionnelle* de Charles Fourier. Mais disons d'abord un mot d'un écrit antérieur, l'*Essai sur l'Esprit humain*, 1743, consacré à l'analyse des facultés de l'*Intelligence.* La substance de ce petit traité d'éducation, qui contient le germe développé de la méthode d'enseignement à laquelle M. Jacotot a donné son nom, est toute entière dans ces deux propositions.

« Les inclinations de l'intelligence peuvent se réduire à deux; savoir : le *désir de connaître* et l'*amour de l'ordre* (1) ; il faut rapporter à ces deux fins jusqu'aux divertissements des enfants. »

« Il suffit de présenter à l'âme les objets dans l'ordre

(1) Ces deux mots sont en italique dans le texte primitif.

q'uelle suit ordinairement, sans lui faire apercevoir qu'elle y doit faire attention. »

Le désordre n'est donc pas dans les inclinations *naturelles* de notre *esprit;* serait-il dans celles de notre *cœur?* Pas davantage; s'il faut en croire ce passage de l'*Essai sur le cœur humain*, qu'il est important de citer : « Rien de plus naturel à l'homme que ses passions : il n'est sensible que parce qu'il peut être heureux, et il n'est raisonnable que parce qu'il est sensible. L'amour de nous-même est ce mobile général qui nous pousse vers le bien, et les passions dont il est la source prennent leurs noms des *degrés* de force qui nous en approchent ou nous en éloignent. Qu'est-ce donc que notre cœur? C'est l'amour de notre être. L'*amour* est le principe de toutes les passions; elles lui sont subordonnées, ou plutôt elles ne sont autre chose que ce même amour diversifié par les circonstances différentes qui accompagnent le bien qu'il poursuit. La *haine* qui lui paraît si opposée n'est qu'un *amour réfléchi*. Un objet n'est un mal et n'excite la haine, que parce qu'il est opposé à un bien que l'amour recherche. De là vient que ces deux mobiles, si différents au dehors par leurs effets, font naître dans le cœur les mêmes passions subalternes, telles que l'*espérance*, la *crainte*, la *joie*, la *tristesse*, le *désespoir*. Les différents noms qu'on leur a donnés, n'ont été introduits que pour exprimer les *degrés* de véhémence dont l'*amour* est susceptible, et les différentes formes qu'il prend suivant les circonstances. Le cœur est toujours plus ou moins agité par quelqu'une de ces passions subordonnées; parce qu'il ne peut jamais être sans amour. C'est un feu qui languit, quand les aliments lui manquent; il cherche alors à reprendre sa première vigueur, en s'attachant à tout ce qui peut l'entretenir. Son activité le porte vers le *bien* et l'éloigne du *mal.* »

Le lecteur a dû remarquer ce mot profond : *l'homme*

n'est sensible que par ce qu'il peut être heureux; et il n'est raisonnable que parce qu'il est sensible. C'est le premier jet lumineux d'une idée qui prit son développement complet dans le *Code de la Nature*. La raison n'est pas faite pour contrarier en nous les penchants qui nous portent à former un vœu très-légitime, celui d'être heureux. L'homme ne veut pas nuire, « il cherche à jouir : sans égard aux obstacles, il tend directement à l'objet agréable. » Mais ce sont précisément les *obstacles* qui viennent détourner le cours libre, régulier, *direct*, de la passion, et lui faire perdre toute sa bonté originelle, par ce froissement, ce repli, cette *réflexion* (Fourier dirait *récurrence*). Si les passions sont pour nous une cause de souffrance, c'est qu'elles se développent au milieu de circonstances propres à les *dépraver*. On n'aurait dû même n'affecter ce mot *passion*, qui vient de *pati* (souffrir, *pâtir*), qu'aux désirs ou sentiments dans lesquels il y a déjà excès, irritation, souffrance, et mieux caractériser les inclinations *naturelles*, qui cessent où commence toute violence.

Plusieurs philosophes ont aussi reconnu la bonté originelle de nos premiers mobiles; mais ils n'ont pas désigné les circonstances fâcheuses qui les *dépravent*, et encore moins cherché la solution de cet excellent problème : *Trouver une situation dans laquelle il soit presque impossible que l'homme soit dépravé ou méchant.*

Morelly, disons-nous, n'admet qu'une seule passion à laquelle toutes les autres sont subordonnées l'*amour*, ou, pour employer une autre expression de lui, l'*attraction morale*. La passion peut changer de nom suivant son objet, et s'appeler *ambition*, *amour*, etc. ; mais le principe générateur est *un*, car « il y a analogie entre le physique et le moral. Dieu, à l'égard des actions humaines, comme dans l'ordre physique du monde, a établi une loi générale, un principe infaillible de tout mouvement. » Tout est donc ramené à l'*unité* de système. Bossuet a très-bien dit aussi comment toutes les passions peuvent naître de l'amour. « Nous pouvons dire, si nous consultons ce qui se passe en nous-mêmes, que nos autres passions se rapportent au seul amour qui les enferme ou les excite toutes. La haine qu'on a pour quelque chose ne vient que de l'amour qu'on a pour une autre; ainsi, je n'ai de l'aversion pour quelqu'un, que parce qu'il m'est un obstacle à posséder ce que j'aime. Le désir n'est qu'un amour qui s'étend au bien qu'il n'a pas, comme la joie est un amour qui s'attache au bien qu'il a, etc. » (*Connaiss. de Dieu et de soi-même*, chap. I). Quant à cette opinion, systématiquement développée par Morelly et par Charles Fourier, que le monde moral est soumis comme le monde physique à la loi de l'*attraction;* elle se trouve également dans quelques philosophes contemporains de Morelly. Un écrivain, qui n'est pas du reste aussi digne que l'auteur du *Code* d'être arraché à l'oubli, M. de Listonai, a dans son *Voyageur philosophe* inséré un chapitre curieux sur l'*attraction intellectuelle,* dont nous citons textuellement ces quelques lignes : « Chap. XI. *De l'attraction intellectuelle,* POUR SERVIR DE SUPPLÉMENT A LA PHILOSOPHIE DE NEWTON (*sic*). Les vrais physiciens, parmi nous, n'hésitent plus à admettre la force de l'attraction dans toute la nature ; mais ils n'en reconnaissent encore les effets que sur la matière... L'attraction et l'électricité sont les causes de tous les phénomènes tant physiques que moraux. L'attraction est une force dont on connaît l'action dans toute la nature ; elle opère non seulement sur les corps matériels, en raison directe de la masse et inverse du carré de la distance ; mais une vérité non moins importante, c'est qu'elle agit pareillement sur les objets intellectuels, en suivant exactement les mêmes lois. Il serait bien singulier que ce système séduisît quelques esprits : quelle révolution ne causerait-il pas dans la république pensante? que deviendraient alors les sublimes abstractions, les profonds raisonnements, les merveilleuses conjectures sur l'être en général en tant qu'il est séparé de toute matière? Les fameux Traités de Métaphysique d'Aristote, de Descartes, Malebranche, Clarke, Locke, Leibnitz, Condillac, etc., rentreraient comme les tourbillons dans le chaos. » (*Le Voyageur philosophe*, in-12, 1761, tom. II, pag. 197).

Ce serait ici le lieu de préciser jusqu'à quel point l'*attraction*, qui règne en souveraine dans l'ordre de la nature, doit étendre son empire dans l'ordre social qui repose tout entier sur la *justice*, et d'assigner les circonstances dans lesquelles ce qui est *juste* peut n'être pas *désiré*. Il y aurait à établir, entre le monde physique et le monde social, des différences profondes que Morelly et Charles Fourier ont négligé de faire ressortir; mais ces distinctions nous mèneraient trop loin. Quelque opinion qu'on ait, au reste, sur la nature des phénomènes moraux; que l'*attraction* soit ou non le principe générateur de nos actions, la société doit toujours rendre l'*individu responsable* de toute action contraire à l'intérêt *social*, qui ne peut être, on le sait fort bien, que l'*intérêt du plus grand nombre*. Cet intérêt a déjà été consulté quant à l'emploi de *quelques uns* de nos moyens d'action; car nous ne voulons pas non plus nier que la plupart de nos lois actuelles ne soient *socialement* justes. Ces lois imparfaites n'ont pas sans doute détruit *toutes* les causes de lutte; mais il n'est plus ou moins permis aux individus d'user envers et contre tous de la *supériorité* de leur force physique, s'il leur est encore permis d'abuser de la supériorité de leur fortune. La raison du plus fort n'est donc pas *toujours* la meilleure. Tout n'est pas livré à l'empire de la ruse et de la violence. On a quelquefois appliqué les principes de justice qui doivent présider à tout *accord social*, et ces principes eux-mêmes, ces premiers fondements de la science sociale, sont déposés dans les enseignements de la philosophie, et mieux encore dans la conscience du genre humain. Il ne s'agit donc pas de tout réformer, mais d'ajouter, de compléter, de faire une *application* plus étendue des principes *connus et acceptés*. En un mot, l'homme a déjà soumis à des lois justes, c'est-à-dire conformes *à l'intérêt du plus grand nombre*, quelques uns de ses moyens d'action : doit-il les soumettre *tous?* voilà toute la question. Ceux qui profitent ou espèrent profiter de l'*état de lutte*, diront : NON ; ceux qui recherchent la paix et la justice, répondront : OUI.

III.

RÉSUMÉ SUCCINCT DU SYSTÈME.

La recherche d'une situation dans laquelle l'homme cesserait d'être méchant en cessant d'être malheureux, fut dans tous les temps le rêve de quelques sages, que révoltait plus particulièrement la vue des crimes et des désordres de la société; et il est à remarquer que presque tous ont cru trouver le remède à nos maux dans un état social dont la constitution se rapprocherait de celle de la famille. Les idées les plus justes sur les vrais fondements de la société civile et politique sont éparses dans les écrits de Locke, de Rousseau, de Diderot, de Pluquet, de Goguet, etc.; mais elles sont mêlées à tant d'opinions fausses et contradictoires, qu'il était nécessaire qu'un génie vigoureux, rassemblant ces fragments isolés de vérités précieuses, en fît un corps et leur donnât la vie. Morelly ne s'est pas borné à écrire, comme presque tous les philosophes, quelques pages éloquemment indécises; mais il a pris au sérieux la valeur *pratique* des principes d'éternelle justice, et donné les conditions matérielles à remplir pour qu'ils ne soient plus de vaines et menteuses promesses. Reprenant donc avec plus d'ardeur une pensée sociale qui n'a jamais été abandonnée par cette famille nombreuse de réformistes, qui part de Pythagore et se continue par les différentes sectes chrétiennes jusqu'au socialiste anglais Owen, l'auteur du *Code de la Nature* s'est proposé, bien avant l'éloquent auteur du *Livre du Peuple*, d'organiser la *fraternité;* c'est-à-dire d'établir entre plusieurs familles réunies en nombre *suffisant* les rapports d'égalité et de solidarité qui existent entre les membres composant chacune d'elles *avant la division du patrimoine.*

Si l'on voulait, avant d'entrer dans les détails de la réforme morellyste en avoir d'abord un premier aperçu, on pourrait la réduire à ces conditions essentielles:

Maintenir l'unité indivisible du fonds et de la demeure commune;

Établir *l'usage commun* des instruments de travail et des productions;

Rendre l'éducation également accessible à tous;

Distribuer les travaux selon les forces, les produits selon les besoins.

Conserver autour de la *cité* un terrain *suffisant* pour nourrir les familles qui l'habitent.

Réunir MILLE *personnes au moins*, afin que, chacun travaillant selon ses forces et ses facultés, et consommant selon ses besoins et ses goûts, il s'établisse sur un nombre suffisant d'individus une *moyenne* de consommation qui ne dépasse pas les ressources communes, et une *résultante* de travail qui les rende toujours assez abondantes.

N'accorder d'autre privilége au talent que celui de diriger les travaux dans *l'intérêt commun*, et ne pas tenir compte, dans la répartition, de la *capacité*, mais uniquement des *besoins*, qui préexistent à toute capacité et lui survivent.

Ne pas admettre les récompenses pécuniaires : 1° parce que le *capital* est un instrument de travail qui doit rester entièrement disponible entre les mains de l'administration ; 2° parce que toute rétribution en argent est inutile dans le cas où le travail *librement choisi* rendrait la variété et l'abondance des produits *plus étendues que nos besoins ;* nuisible, dans le cas où la vocation et le goût ne feraient pas remplir toutes les fonctions utiles ; car ce serait donner aux individus un moyen de ne pas payer la *dette de travail*, et de s'exempter des *devoirs* de la société, sans renoncer aux *droits* qu'elle assure.

Voilà les points fondamentaux du système social de Morelly. Il n'est rien dans tout le reste qu'un esprit logique ne puisse prévoir à l'avance, et qu'il soit nécessaire de rappeler à ceux qui trouvent toujours exécutable ce qui est juste.

IV.

LA CITÉ MORELLYSTE.

OU

COMMUNAUTÉS VOLONTAIRES DE MILLE A DEUX MILLE PERSONNES D'APRÈS LA *Basiliade* ET LE *Code de la Nature.*

Mille personnes au moins habitent une terre suffisante pour les nourrir, elles conviennent entre elles que tout est commun, meubles et immeubles, c'est-à-dire que tous ont le droit de prendre, dans le fonds commun des ressources, *selon leurs besoins*, mais sans accaparer aucun objet qui puisse servir d'instrument de travail. Les travaux se font en commun, et les ouvrages de l'art et de l'industrie sont mis dans des magasins publics. « Pour qu'il n'y ait pas de confusion dans cette communauté, et que chacun puisse contribuer pour sa part au nécessaire, sans dégoût, sans fatigue, sans ennui, » les membres composant cette petite société distribuent entre eux les différentes fonctions, suivant la force, l'âge, le sexe de chacun. En s'occupant ainsi de l'intérêt *commun*, tous les membres paient à la communauté un tribut qu'elle leur rend avec usure; car celle-ci s'occupe entièrement de l'intérêt de chaque particulier.

Le genre de *communauté* dont il s'agit ici ne détruit pas la *propriété*, mais la rend *commune* à un nombre suffisant d'individus, en un mot, la *socialise*, pour employer l'expression des réformistes modernes. Ce mode d'association est indiqué et prévu dans ces lignes du *Contrat social.* « Il peut arriver, dit Rousseau, que les hommes commencent à s'unir avant que de rien posséder, et que, s'emparant ensuite d'un terrain suffisant pour tous, ils en jouissent en commun, ou qu'ils le partagent entre eux, soit également, soit selon des proportions établies par le souverain. De quelque manière que se fasse cette acquisition, le droit que chaque particulier a sur son propre fonds est toujours subordonné au droit que la communauté a sur tous; sans quoi il n'y aurait ni solidité dans le lien social, ni force réelle dans l'exercice de la souveraineté » (*Contrat social*, liv. I, c. IX). Des trois modes d'appropriation dont il est parlé dans ce passage, il n'y a que le premier qui soit conforme aux intérêts de la communauté, c'est-à-dire du *plus grand nombre* de ses membres; et Rousseau serait arrivé aux mêmes conséquences que l'auteur du *Code de la Nature*, s'il avait appliqué les excellents principes développés dans le *Contrat social* d'une manière trop abstraite et trop générale.

On sait que pour assurer *l'égalité des droits*, sans laquelle, de l'aveu même de Hobbes (1), il n'y a pas de *société* durable, plusieurs réformistes ont proposé tout bonnement l'égalité des biens. Mais si l'on entend par là le partage égal des biens, ce moyen va directement contre le but qu'on prétend atteindre; car tout partage du fonds et des immeubles, laissant à l'individu le droit de vendre et d'acheter, par conséquent de se ruiner ou de s'enrichir, a bientôt fait reparaître l'inégalité des conditions, qui n'est favorable qu'à quelques-uns. Dans nos sociétés, l'égalité des droits n'est qu'apparente et illusoire; « elle ne sert, dit encore Rousseau, qu'à maintenir le pauvre dans sa misère et le riche dans son usurpation. — Dans le fait, ajoute le même écrivain (*Contrat social*, liv. I, chap. IX), les lois sont toujours utiles à ceux qui possèdent et nuisibles à ceux qui n'ont rien: d'où il suit que l'état social n'est avantageux aux hommes qu'autant qu'ils ont tous quelque chose, et qu'aucun d'eux n'a rien de trop. »

(1) *Quæcumque jura unusquisque sibimetipsi postulat, eadem etiam unicuique concedat cæterorum.* (HOBBES, *de Cive*, ch. 3.)

Pour prévenir les inconvénients que l'auteur du *Contrat social* n'a fait qu'indiquer, Morelly pose deux conditions fondamentales: 1° *unité indivisible* du fonds; 2° *usage commun* des productions. Mais ce n'est pas tout; il faut que la demeure soit aussi *commune* et indivisible; car pour être à portée de se prêter des secours mutuels, les familles ne peuvent pas habiter des maisons éloignées l'une de l'autre. « Chaque famille prend un logement spacieux et commode » (*Basiliade*, ch. II). Mais aucune ne peut avoir un droit de propriété exclusive sur le palais commun, non plus que sur le terrain environnant. La construction de la demeure *commune* est beaucoup mieux appropriée que celle des *monastères* à la variété des travaux et des relations que peut offrir une population nombreuse de tout sexe, de tout âge. C'est donc proprement une ville, une *cité* de mille à deux mille âmes. Mais cette ville, construite sur un plan *unitaire*, n'a pas l'aspect hideux de nos villes « percées d'un labyrinthe de routes tortueuses, bordées de maisons aussi inégales, aussi peu uniformes que les conditions de leurs habitants; ouvrages bizarres de l'orgueil du riche à côté des faibles efforts du pauvre. »

La construction de ces grands centres industriels et agricoles est plus détaillée dans le *Code la Nature*. « Autour d'une grande place, de figure régulière, seront érigés, d'une structure uniforme et agréable, les magasins publics de toutes provisions, et les salles d'assemblées publiques; à l'extérieur de cette enceinte seront régulièrement rangés les quartiers de la cité... Tous les quartiers d'une cité seront disposés de façon que l'on puisse les augmenter quand il sera nécessaire, sans en troubler la régularité, et les accroissements ne passeront pas certaines bornes. A quelque distance, autour des quartiers de la cité, seront bâtis en galeries les ateliers de toutes professions mécaniques pour tous les corps d'ouvriers. A l'extérieur de cette enceinte d'ateliers sera construite une autre rangée d'édifices destinés à la demeure des personnes employées à l'agriculture et aux professions qui en dépendent ; pour servir aussi d'ateliers à ces professions, de granges, de celliers, de retraite aux bestiaux.» La *Cité Morelly* est donc composée de quatre enceintes. Autour de la place centrale se trouve d'abord la première enceinte de bâtiments consacrés aux salles de réunion, aux magasins publics, « réservoirs communs des délices de la vie » (*Bas.*, ch. III). Puis vient l'enceinte d'habitation ; la troisième se compose de galeries pour les travaux industriels ; enfin la quatrième et dernière enceinte, destinée aux différentes fonctions de l'agriculture, donne, par ses quatre côtés, sur la campagne. D'après les combinaisons architecturales de Charles Fourier les bâtiments ruraux du *Phalanstère* devraient être placés non tout autour, mais en face du corps de logis, et en faire le pendant symétrique. Campanella donne la forme circulaire à sa *cité du Soleil*, et Rabelais, qui s'est fait le précurseur bouffon des idées sociales et philosophiques, adopte la forme polygonale pour la construction de l'*abbaye de Thélème*. Le socialiste anglais Owen est celui dont les plans, ausi bien que le système, se rapprochent le plus des idées de Morelly. Laissant aux architectes le soin de décider quelle est la construction la plus convenable, nous ferons observer que le point essentiel, et sur lequel les principaux réformistes sont également d'accord, c'est que la demeure, ou *cité* commune, soit unitaire et indivisible.

Le terrain environnant la *cité* doit, avons-nous dit, être *suffisant* pour la subsistance des familles qui l'habitent. Cette corrélation entre le nombre d'individus réunis et l'étendue du fond qu'ils peuvent cultiver, n'a été indiquée avec quelque soin que par Morelly, Charles

Fourier et Owen. L'auteur de la *Cité du Soleil* ne s'explique pas à ce sujet. Morus admet dans son *Utopie* l'exploitation agricole par fermes isolées dans lesquelles habiteraient une quarantaine de personnes. Au reste, un fait plus concluant que toutes les opinions des utopistes, la circonscription territoriale des *communes* a depuis longtemps démontré qu'une certaine étendue de terrain doit être assignée à toute *société* dont les membres auraient entre eux des rapports *journaliers*. Aujourd'hui, les habitants de nos communes ne sont réellement en société que sous le rapport religieux et administratif. La *communauté d'intérêts* n'existe pas pour l'emploi des ressources et la direction des travaux; mais si *l'intérêt du plus grand nombre* était consulté *à cet égard*, il serait bientôt décidé qu'il doit y avoir une demeure commune, des magasins, des greniers, des outils *communs*, comme on a déjà décidé qu'il y aurait une église, un cimetière, des chemins, des marchés, des puits *communs*. Il n'est pas même hors de propos de faire remarquer ici, que l'association volontaire d'un *nombre suffisant d'individus* décidés à *consulter en tout l'intérêt et la volonté du plus grand nombre* arriverait par cela même à des résultats plus merveilleux que tous les projets des réformistes; et pourtant cette réunion n'aurait fait que mettre en pratique les principes les plus élémentaires du *Contrat social* de Rousseau.

La réunion d'un nombre suffisant d'individus dans la même localité fait que tous peuvent coopérer dans la mesure de leurs forces à la production des richesses communes, parce que « les travaux partagés entre plusieurs bras deviennent moins pénibles » (*Bas.*, ch. II). On peut même tirer parti de l'activité curieuse des enfants qu'il est impossible d'employer utilement dans nos familles *isolées*. « Lorsque l'âge, est-il dit dans le chapitre 2 de la

Basiliade, rend les enfants capables de quelque occupation utile, on les instruit par l'exemple, en les chargeant de tâches proportionnées à leur force et à leur adresse. Remuer la terre, planter, semer, recueillir ou serrer les fruits, pétrir l'argile, en former des vases, prendre soin des animaux, etc., sont autant d'emplois sagement partagés entre les membres de cette petite république. La parfaite union fait de ces exercices, non des travaux, mais des amusements variés. »

Comme tous ses prédécesseurs, Morelly fait donc ressortir les avantages qu'offre la réunion de plusieurs familles pour l'économie des ressources, la facilité des travaux, avantages que les défenseurs des communautés religieuses avaient fait valoir avant lui. « N'envisageons, dit un historien ecclésiastique, que l'utilité temporelle et politique des communautés. Il est très-utile de faire subsister un nombre d'hommes avec le moins de dépenses qu'il est possible; or, il en coûte beaucoup moins pour entretenir vingt hommes ensemble que si on les séparait en trois ou quatre ménages. Il y a des travaux qui ne peuvent être exécutés que par des sociétés ou de grandes communautés, pour lesquels il faut des ouvriers qui agissent de concert et qui se succèdent » (*Dict. théologique*, art. *Moines*). Et ailleurs, pour répondre à cette objection que l'esprit de corps qui règne dans les communautés est contraire à l'intérêt public, il est dit : « En détruisant l'esprit de corps, on lui substitue l'égoïsme, caractère le plus pernicieux et le plus opposé à l'intérêt général, aussi bien qu'à l'esprit du christianisme, qui est un esprit de charité et de fraternité... Ce que l'on nomme *esprit de corps* n'est dans le fond que l'amour du bien général fortifié par l'habitude d'y contribuer » (*Ibid.*, art. *Communautés*).

Morelly pensait, comme on le verra dans le *Code de la*

Nature, que les sociétés des premiers chrétiens, entre lesquels tous biens étaient communs, selon le témoignage de saint Bernabé, saint Justin, saint Clément d'Alexandrie, saint Cyprien, et de Lactance, Origène, Arnobe, auraient eu une bien autre influence sur la vie sociale des peuples, si *ces vrais humains* ne s'étaient pas fait un mérite de ne pas laisser de descendants. Au lieu de renverser les monastères, et de s'extasier niaisement sur les richesses immenses que certains d'entre eux avaient acquises, il eût fallu les imiter, et construire, pour des populations industrielles, des habitations communes. C'est l'avis d'un philosophe protestant, qui ne peut être suspecté de faire l'apologie de la vie monastique. « Les travaux, dit-il, sont toujours mieux exécutés par des hommes qui agissent en commun que lorsqu'ils travaillent séparément. Il y a plus de dessein, plus de constance à suivre un même plan, plus de force pour vaincre les obstacles, plus d'économie. Sans l'exactitude à suivre une règle, les plus grandes ressources sont inefficaces; leurs effets s'éparpillent, pour ainsi dire, et ne tendent plus au bien commun. C'est à eux et à la bonne conduite de leurs successeurs que les couvents sont redevables des biens dont ils jouissent. Pourquoi n'en jouiraient-ils pas? *Imitons-les sans en être jaloux*. Quant à moi, je vois ces établissements avec d'autant plus de plaisir que ce n'est pas la jouissance d'un seul homme, mais de plusieurs, et sous ce point de vue je ne saurais leur souhaiter trop de bonheur..... Ils peuvent se maintenir dans un état d'honnête abondance, parce qu'ils font plus rendre à la terre et que rien ne se dissipe. *Il serait à souhaiter, pour le bonheur des hommes, qu'il en fût de même partout* » (*Lettres sur l'Histoire de la terre*, par Deluc, tom. IV, p. 72).

Nous ne déroulerons pas toutes les conséquences et tous les avantages que pourrait avoir l'application du système de Morelly à l'organisation sociale d'un peuple. Les résultats les plus saillants sont résumés dans une note de la *Basiliade*, dont nous allons nous servir : 1° Il y a une réciprocité de secours qui n'est jamais interrompue; 2° elle peut être observée dans toutes les provinces d'un empire comme dans une seule; 3° personne n'est surchargé d'ouvrage et tous les citoyens sont encouragés; 4° les provisions de toute espèce s'accumulent, et il ne faut par la suite qu'un travail modéré pour entretenir celles qui ne sont pas d'un continuel usage; 5° quoique tout soit commun, rien ne se prodigue, parce que personne n'a intérêt de prendre plus que le nécessaire, quand il est assuré de le trouver toujours, car que ferait-il du superflu où rien n'est vénal? 6° les provinces d'un même État s'entrecommuniquent ce qu'elles ont de surabondant, non par échange, ni par prêt, ni par vente, mais par des dons simples et mutuels; 7° la nation peut sans difficulté commercer avec des étrangers chez qui la police serait toute différente, par un certain nombre de ses citoyens, auxquels elle fournit les fonds de son commerce, et qui rapportent les marchandises à la communauté. Rien ne pourrait exciter de tels commissionnaires à devenir infidèles, parce qu'il n'existerait dans cette république aucun des motifs qui causent ordinairement l'infidélité; 8° les plus beaux projets qui chez nous, loués et approuvés de tout le monde, manquent cependant d'exécution, et par l'impuissance de celui qui les enfante, et parce que chacun s'en tient à une stérile admiration, trouveraient dans une pareille société, les secours de cent mille bras. Ajoutons de plus qu'une telle institution coupe racine à une infinité de vices, de querelles et de procès; car, « jamais cette furie qui, sous le nom d'équité, dépèce par lambeaux les éléments mêmes, pour donner à chacun le sien, n'excite d'inimitiés et de jalousies. »

En général on accorde assez facilement que les hommes mèneraient une vie plus heureuse et moins tourmentée, s'ils voulaient s'entr'aider dans leurs travaux, ne plus se traiter en ennemis, mais *en frères*; et puis on ne craint pas d'ajouter que, pour se soumettre à des conditions si avantageuses, ils sont *trop égoïstes;* tandis qu'il serait bien plus raisonnable d'en conclure qu'ils ne sont pas assez intelligents, puisque, au bout du compte, le genre humain est *dupe* de ses iniquités. C'est par vanité que bien des gens se disent méchants; ils ne sont que lâches ou stupides.

Au point où nous en sommes de cette exposition, il doit être facile à ceux qui ont eu connaissance des théories sociales de Saint-Simon et de Charles Fourier de noter les rapports qui existent entre elles et le système de Morelly. Et, d'abord, on voit très-bien que les trois réformistes sont d'accord sur deux points essentiels : 1° la *possession en commun* du fonds, des immeubles et des instruments de travail; 2° la *communauté* d'éducation. Mais Morelly n'admet pas la répartition selon la *capacité* et les *œuvres* comme l'école saint-simonienne, encore moins selon le *capital*, comme l'école phalanstérienne, mais il veut *l'usage commun* des productions aussi bien que des immeubles. Il n'y a donc pas, dans la *cité Morellyste*, de catégories, de classes, de distinctions : tous les membres de la communauté participent aux jouissances ainsi qu'aux travaux communs. L'individu se rend utile au bien commun dans la mesure de ses forces, de son âge, de ses talents qu'une éducation commune développe autant qu'il est possible; mais l'inégalité de l'intelligence, du travail, des services rendus n'introduisent aucune différence pour les récompenses matérielles. Chacun, quel que soit son rang dans la direction des travaux, est traité suivant les ressources de la communauté. Il n'y a, entre les individus, que des distinctions purement morales. Il faut, dit Morelly que la supériorité ne reçoive que de libres hommages de la reconnaissance, et que le mérite n'ait besoin d'autre récompense que de sa propre excellence (*Basil.* XIV). C'est alors que tout effort est dignement secondé, parce que *tous* en profitent, et tout travail anobli, parce qu'il ne peut pas être une spéculation. Faire *ce qu'on peut*, et prendre ce dont on a présentement besoin, voilà la véritable limite des droits et des devoirs. De ce que les droits sont *égaux*, il ne s'ensuit pas que la capacité d'en user soit égale. Il existe donc une inégalité *de fait*, comme il y en a entre frères qui n'ont pas tous mêmes goûts, mêmes tempéraments, et c'est précisément à cause de cette inégalité de besoins, de désirs et de goûts, qui fait prendre à l'un beaucoup, à l'autre peu, que, sur un nombre *suffisant* de personnes, il s'établit une compensation, une *moyenne*, qui ne dépasse pas les ressources générales. Les différences se manifestent, mais il serait difficile et inutile de faire des lots, des rations à *l'avance*, parce que personne ne connaît exactement la mesure d'un besoin, pas même celui qui l'éprouve.

On oublie souvent, comme à plaisir, les justes distinctions que le bon sens a établies entre la *communauté* et *l'égalité*, comme si ces deux mots, qui n'ont pas même dans la langue un caractère *synonymique*, pouvaient avoir été créés pour résumer les mêmes faits. Il y a *égalité* là où les individus sont soumis au même régime, où les tâches, les peines, la nourriture sont absolument *égales*, et encore ce mode absurde de distribuer, soit les travaux, soit les produits, n'est-il pas appliqué, à la rigueur, dans ces réunions ou plutôt ces pénitenceries, qui mettent l'homme à la ration. Cette égalité *absolue* ne peut être confondue avec *l'égalité sociale* ou proportionnelle dont il est question dans Morelly, et en général dans tous les philosophes qui ont raisonné sur les questions sociales et politiques. Les plus anciens traités de philosophie morale, écrits en latin, définissent ainsi, d'après saint Thomas, qu'ils suivent presque toujours, la justice et l'égalité : « *Justicia distributiva est quæ bonum commune distribuit secundum proportionalitatem ; in qua non attenditur æquale secundum æqualitatem rei ad rem, sed secundum proportionem rerum ad personas* » (Pars quarta, Phil. sive Ethica). On voit donc qu'il ne s'agit pas de donner des tâches et des rations égales à des forces et des besoins inégaux, mais de *proportionner les travaux aux forces, la consommation aux besoins.*

Il y a au contraire *communauté* (et certes on n'a pas besoin d'avoir lu Morelly, Mably ou Owen, pour comprendre ceci) là où les individus jouissent en commun de certains objets en se conformant à des règles égales pour tous. Nous ne citerons pas toutes les sociétés littéraires, scientifiques ou industrielles, organisées sur ce pied-là. Pour ignorer ce qu'on entend par *usage commun* des productions, il faudrait n'avoir jamais pénétré dans une famille, ne s'être jamais assis à une table d'hôte, ne s'être jamais servi d'objets possédés en commun, soit livres, soit journaux ; en un mot il faudrait n'avoir pas vécu.

La jouissance en commun des productions n'est donc pas un fait nouveau ; puisqu'elle est admise aujourd'hui même dans bien des cas particuliers, et que chaque famille peut profiter de toutes les économies que procure la *vie en commun*, au moins pendant tout le temps que le patrimoine reste *indivis*. C'est même en dérogeant au principe d'appropriation *individuelle*, que la civilisation se soutient encore et n'épuise pas complètement ses ressources. Si chacun de nous voulait user de tout d'une manière *absolument exclusive*, il en résulterait, pour le plus grand nombre, des privations si intolérables, que l'état social serait bientôt ou tout à fait anéanti, ou complètement transformé : et quel pourrait être, dans ce dernier cas, le principe contitutif de la société nouvelle, si ce n'est ce principe même auquel la société actuelle fait tous les jours des concessions, nous voulons dire le système de *communauté positive?*

On sait que l'usage commun des produits est plus facilement appliqué lorsque *l'abondance et la variété des productions sont plus étendues que nos besoins*; car alors, dit Morelly, « chacun puise selon ses besoins, sans s'inquiéter si un autre en prend plus que lui; des voyageurs qui étanchent leur soif à une source ne portent point d'envie à qui, pressé d'une ardeur plus grande, avale à longs traits une plus grande quantité de la liqueur rafraîchissante » (*Basil.*, ch. I).

Puiser selon ses besoins;

Ce serait là toute la loi, s'il ne fallait ajouter :

Et travailler selon ses forces.

Nous touchons ici au point le plus contesté du système. On admet difficilement que les mille à deux mille individus, composant chaque *cité morellyste*, voudront contribuer à la production des richesses communes. On dit, et c'est même la seule objection sérieuse que La Harpe ait faite au *Code de la Nature* (1), que chacun, exagérant ses besoins de consommation, voudra s'exempter, sous mille prétextes, de tout travail productif. Il nous semble qu'une pareille assertion est tout au moins fort hasardée; car enfin jamais, dans aucune société, l'homme n'a été traité par l'homme avec assez de justice pour savoir ce qu'on

(1) *Cours de littérature :* Philosophie du XVIIIe siècle. Article DIDEROT.

peut attendre des généreux élans de notre nature, fortifiés par le sentiment du devoir : mais qu'on veuille bien avouer d'abord qu'il serait injuste et déloyal de venir puiser au fonds commun de la société, et de prétendre ne rien faire pour elle. La probité qui, dans l'état actuel de nos institutions, consiste à payer ses dettes (d'argent), se réduirait, dans l'hypothèse de Morelly, à payer sa *dette de travail.* Et rien n'empêche qu'on ne prenne des mesures, des garanties, pour faire que ce qui est juste soit exécuté.

On objecte de plus que, s'il n'existait pas une grande inégalité de conditions, si une certaine classe n'était pas vouée exclusivement aux travaux utiles, on verrait bientôt la misère la plus affreuse succéder à la prospérité brillante de notre industrie : en sorte que l'homme serait pour ainsi dire puni d'avoir voulu établir ici-bas le *règne de la justice.* Il est vraiment humiliant pour l'intelligence humaine qu'il soit encore nécessaire de répondre sérieusement à celui qui vient vous dire, que la société deviendra plus pauvre, du jour précisément où la classe qui ne produit pas et celle qui paralyse la production viendront partager le travail commun. « On peut démontrer, au reste, dit Morelly, que la communauté de tous biens, de tous secours, peut remuer plus efficacement les hommes que les tristes motifs d'intérêts particuliers qui les retiennent assujettis à des craintes frivoles, à des espérances, à des vues fort bornées, à de timides entreprises, à de basses intrigues, et ne les occupent que des soins, des soucis et des peines d'un avancement, d'une fortune, qui n'influent presque en rien sur le bien de la société. Quoi! dira-t-on, le commerce qui lie les peuples de la terre, tout fondé qu'il est sur des intérêts particuliers, n'est-il pas une source féconde de commodités, de délices, de richesses, de magnificence, d'industrie, de bon goût, de politesse, etc.? Oui; mais il n'y a pas un tiers des hommes qui en profite;

le reste a pour lui les travaux et les inquiétudes, avec à peine de quoi ne pas mourir de faim » (*Basil.*, ch. II). Ajoutons que les privilégiés eux-mêmes ne peuvent jouir avec sécurité des biens que la classe la plus nombreuse leur envie. Toute possession *exclusive* est accompagnée de tant de sollicitudes et de craintes que les *heureux du monde* semblent moins faits pour jouir du bonheur que pour empêcher les autres de le goûter. Ainsi, le système social fondé sur l'appropriation *individuelle* prive les trois quarts de la population des jouissances de la propriété, qu'il est censé assurer médiocrement à l'autre quart; il est inutile de chercher la paix, le bonheur, si l'on n'établit pas l'égalité des conditions, si les charges, les travaux et les jouissances de la société ne sont pas distribués entre les particuliers avec plus de justice et de proportion.

Pour traiter plus à fond la question relative à la distribution des travaux, on peut faire deux suppositions : ou bien le travail sera toujours embrassé avec entraînement, et dans ce cas il y aurait accord parfait entre les inspirations de la nature et les prescriptions de l'intérêt social; ou bien le travail ne peut pas devenir un plaisir, et l'on doit compter sur la puissance de la loi ou du devoir. La première hypothèse, qui est la plus séduisante, se trouve développée dans la Basiliade et *le Code de la Nature;* mais dans *le plan de législation*, placé à la suite de ce dernier écrit, « par forme d'appendice et comme un hors-d'œuvre, » Morelly prenant les hommes tels qu'ils sont, ou plutôt sont devenus, ne compte plus tant sur la bonne volonté des travailleurs, et fait des règlements qu'on pourra trouver sévères.

Raisonnons dans sa première hypothèse; admettons que la *libre* activité de l'homme « versera dans le fonds commun des ressources plus que n'y peuvent puiser les besoins; » il est clair que les lois, les règlements sont à peu près inutiles, puisqu'à toute fonction utile répond un goût naturel, une vocation arrêtée dans les individus; les avis des chefs sont suivis avec plaisir; « Personne ne se croit dispensé d'un travail que le concours unanime des efforts rend amusant et varié. » Et « les différents emplois ne sont plus des travaux, mais des amusements » (*Basil*, ch. II). Rien ne serait plus facile que la législation d'une telle réunion fraternelle; car de *la liberté* la plus illimitée résulterait *l'ordre* le plus parfait. C'est bien alors vraiment qu'on pourrait s'en remettre à la bonne nature, et n'accepter pour règle de conduite que ce précepte inscrit sur la porte de *l'abbaye de Thélème:*

FAY CE QUE VOULDRAS.

RABELAIS (*Gargantua*).

Ou cet autre non moins facile à suivre :

VAS, ADMIRE ET JOUIS.

MORELLY (*Basil.*, XII).

Voilà sans contredit la plus douce vie que puissent rêver des êtres libres et intelligents. Pour peu qu'on tienne au bonheur, on doit désirer un état dans lequel toute contrainte serait inutile, parce que *l'obéissance serait l'accomplissement d'un désir* (Basil., chap. II).

Morelly a très-bien senti que la réunion seule des hommes pour un travail commun rendrait ce travail amusant et varié. Il n'a pas sans doute fait comme Charles Fourier la théorie scientifique du *travail attrayant*, il n'a pas caractérisé les mobiles qui nécessitent impérieusement l'organisation *sériaire* de toutes les fonctions. Mais il donne des résultats vivants, et montre la *série* et le *groupe* en action. Choisissons un exemple de travail varié; celui des grandes routes à percer, « les enfants, les femmes, les vieillards, ainsi que les plus robustes, quittent leurs habitations et se divisent par troupes nombreuses; les uns creusent la terre, la transportent et la répandent; d'autres détachent, roulent, taillent et posent les pierres. Ceux-ci plantent des arbres aux bords des levées; ceux d'un sexe ou d'un âge plus faible dressent des tables et des siéges. Il règne dans cette multitude tant d'ordre et tant d'intelligence, les occupations y sont si bien distribuées, que des travaux immenses s'exécutent avec une promptitude merveilleuse, et paraissent des jeux » (*Basiliade*, ch. III). En fait, donc, Morelly entend comme Fourier la distribution des travaux. Il a dû même plus compter que le socialiste du dix-neuvième siècle sur la puissance de la vocation et de l'*attrait*; car dans son régime de communauté, chacun participant au bien-être, par cela seul qu'il est membre vivant de la république, on sent qu'il faut recourir à d'autres mobiles que ceux de l'intérêt et des récompenses matérielles. Ces mobiles purement moraux, Morelly les trouve, dans « l'attrait qu'offre un travail librement choisi; » dans le besoin d'estime, d'amour et de gloire, auquel l'homme « sacrifie, dit Pascal, et le repos et la vie même » (*Pensées*). C'est là un beau rêve dont la réalisation détruirait entre les membres de la famille humaine tous les rapports fondés sur l'intérêt et le calcul et par conséquent toute espèce de prostitution.

Mais si, rentrant dans notre seconde hypothèse qui paraîtra peut-être plus acceptable, on suppose que tous les travaux ne peuvent pas devenir attrayants par eux-mêmes; quel moyen faudrait-il employer, pour que les fonctions utiles à l'état social ne restent pas en souffrance? Choisira-t-on pour mobile l'intérêt ou le devoir? Fourier, sans refuser absolument le secours de la loi morale, emploie le ressort de l'intérêt individuel et des récompenses matérielles, et veut qu'on accorde une plus forte rétribution à certains travaux. Morelly compte uniquement sur la puissance de l'*attraction morale* (Code), et au besoin sur le sentiment du devoir et l'obéissance à la loi commune. Nous avouerons, malgré uotre admiration profonde pour le génie organisateur de Charles Fourier, et tout en accordant que son procédé *sociétaire* est plus en rapport avec nos habitudes et nos lois commerciales, que la solution de Morelly est plus conforme aux principes de justice qui doivent gouverner les sociétés humaines. En effet, un des caractères de tout accord social, c'est que chacun reconnaissant aux autres associés les mêmes droits qu'à soi-même, renonce à toute espèce de privilége, et n'use de la *supériorité* de sa force et de son talent que dans l'*intérêt commun*. C'est à cette condition de *tout rapporter à la masse*, que, dans une société assez nombreuse, la cotisation des forces *inégales* et des talents *variés* peut assurer au faible comme au fort, à l'infirme comme au valide, une *moyenne proportionnelle* de bien-être, qu'il serait impossible de se procurer dans l'état de lutte et d'antagonisme. On dira peut-être que l'association doit vouloir dans son intérêt même que chacun soit rétribué selon son *capital*, sa *capacité*, ses *œuvres*, son *talent*, etc. Si un pareil mode de *répartition* pouvait se soutenir quelque temps, on ne tarderait pas à l'abandonner; à cause des contestations, des jalousies, des prétentions de toute espèce qu'il ferait sans cesse éclater. Outre que l'appréciation exacte des *capacités* est à peu près impossible, la force des choses conduirait bientôt à ne tenir compte que des *besoins*, parce qu'il n'y a pas un rapport nécessaire entre la puissance de production et celle de consommation. Un homme de talent peut à lui seul produire bien au-delà de ses besoins, et cet *excédant* de produits profite aux autres. C'est là le bienfait de l'état de société. Toute répartition selon la capacité ou dépasse les besoins ou ne les satisfait pas. Dans le premier cas l'individu accapare, dans le second il est privé de son droit. Quand les hommes sont réunis en société, il faut, ou qu'ils se traitent sur le pied de l'*égalité*, on qu'ils se *séparent* et continuent à s'exploiter.

On peut, au reste, résoudre toutes les questions que nous examinons ici, en tirant les déductions de ce principe général dans lequel Morelly résume et domine tout le problème social avec une netteté splendide : *Les lois éternelles de l'univers sont, que rien n'est à l'homme en particulier que ce qu'exigent ses besoins actuels, ce qui lui suffit chaque jour pour le soutien ou les agréments de sa vie. Le champ n'est point à celui qui le laboure, ni l'arbre à celui qui y cueille des fruits; il ne lui appartient même, des productions de sa propre industrie, que la part dont il use. Le reste, ainsi que sa personne, est à l'humanité.*

Quelques différences qu'il y ait entre le système de Morelly et celui de Ch. Fourier; on peut toujours recourir à ce dernier pour la *production* des richesses, l'ordre et la rotation des *travaux*, l'architecture unitaire et l'ensemble de l'administration. Mais sur l'autre problème de la *répartition* des produits, le seul dont l'esprit humain se soit sérieusement occupé, et qu'on trouve toujours au fond de toutes les discussions sociales et politiques, on a dès longtemps posé les véritables principes de solidarité qui doivent servir de règle. Songez, en effet, que les rapports des êtres moraux et intelligents ont été étudiés par cette famille nombreuse de philosophes ou de législateurs, qui compte à divers rangs les sectateurs de Pythagore et de Zoroastre, Lycurgue, Platon, les esséniens, les différentes sectes chrétiennes, les gnostiques, les communicants, les moraves, quelques pères de l'Église, saint Thomas, saint Augustin, Thomas Morus, Campanella, l'auteur de *Sévarambes*, des mémoires de Gaudence de Lucques, Jonchère, Herreuswaud, Mercier, Febure, Mably, et de nos jours Saint-Simon et Owen, et tant d'autres dont les écrits dorment oubliés dans la poussière.

Parmi ces penseurs dont quelques-uns n'ont pas échappé à la renommée, parce qu'à côté d'idées très-avancées, ils en ont émis d'autres d'une médiocrité plus convenable, plusieurs ont annoncé, prêché même, l'union fraternelle des hommes et l'égalité des droits. Ils ont senti que la famille consanguine, dans laquelle travaux et plaisirs sont *communs* entre frères, était un modèle toujours vivant des rapports qui doivent exister entre les membres de la famille sociale et politique. Or tout membre de la famille apporte en naissant le droit de vivre qui est antérieur à celui de travailler. Ce droit à la vie physique et intellectuelle, *au pain du corps et de l'esprit*, oblige de laisser en communauté une partie, sinon la totalité des ressources accumulées, afin que les survivants, ne trouvant plus les *parts faites*, ne mettent pas toujours, par leur révolte contre cette spoliation anticipée de leurs droits, la société impitoyable dans la nécessité de leur ôter la liberté ou la vie. Pour assurer la jouissance du *droit commun*, plusieurs réformistes ont proposé la *communauté* des biens, non pas cette communauté primitive des peuples nomades qui est incompatible avec le développement de l'agriculture, mais la *propriété commune* à un nombre de personnes *suffisant* pour que les avantages économiques de la vie en commun puissent compenser et au-delà les frais de l'éducation *commune*. Enfin Ch. Fourier, sans admettre la communauté en *tout*, lui a fait une large concession, en accordant à tout membre de la *Phalange* un *minimum* décent, c'est-à-dire *l'usage commun* de tout ce qui est vraiment utile au soutien et à l'aisance de la vie. S'il a laissé en dehors de ce *minimum* certaines choses plus rares dont les travailleurs se font la répartition d'après le *travail* et le *talent*, c'est qu'ami *de l'ordre* et de l'*harmonie* avant tout, ce grand organisateur social a craint que la concurrence des demandes, portant sur ces produits plus rares, ne pût entraîner les rivalités et les luttes, et qu'il a voulu en outre ajouter aux mobiles purement moraux d'autres motifs d'encouragement au travail. Que si l'essai d'une exploitation savamment dirigée venait démontrer que l'opinion de Morelly n'est pas une illusion, et qu'en effet les produits dépassent toujours les besoins, alors on sent qu'il serait fort inutile de consacrer à répartir les richesses un temps et des soins mieux employés à les augmenter.

Le système social dont nous venons d'exposer les conditions n'est pas nouveau au fond; mais personne, avant et après Morelly, n'en a développé les principes avec autant de puissance et de logique. On pourra varier dans l'*application;* mais les bases sont inébranlables, et nettement indiquées. Or c'est un immense avantage, ou plutôt un devoir de ne se servir de la plume et de la parole que pour annoncer quelque vérité et tirer quelque conclusion. Attaquer à la légère les lois, les institutions sans rien mettre à la place, prendre toujours le rôle de critique et de démolisseur, est une manie désastreuse tellement soutenue par la niaise admiration du public, et la pusillanime complaisance des écrivains; que la puissance et l'autorité sont toujours accordées, non pas aux hommes qui ont des idées profondes, mais à ceux qui s'en sont montrés le plus dépourvus. Le pouvoir est ainsi livré à ce qu'on appelle, surtout en France, des hommes d'esprit; c'est-à-dire possédant ce genre d'*esprit* qui consiste à jouer sur l'angle des choses, à exprimer avec vivacité et pétulance des contradictions, et surtout à se préserver de tout projet qui ait le sens commun. Cependant les individus se gardent bien de s'aveugler avec ce genre d'esprit quand il s'agit de leurs propres intérêts; ils le réservent pour parler, écrire, codifier, faire des constitutions et traiter les *intérêts du public*. Ainsi ces mêmes écrivains qui admettent qu'on ne doit pas proposer des places d'organisation sociale, que l'art de déplacer le pouvoir est plus important que celui de s'en servir, sont loin de porter cette imprévoyance dans les affaires de la vie. Ils exigeront fort bien d'un architecte qu'il soumette ses plans et ses devis pour la construction de la plus humble maison; ils ne donneront pas tête baissée dans la plus petite entreprise industrielle sans avoir vu une description, un échantillon; et si des penseurs comme Fourier et Morelly viennent donner un moyen de détruire la misère et les causes de révolution, alors comme il ne s'agit plus que du bonheur général de toute une nation, on ne daigne pas examiner les plans proposés, et les gouvernements dont l'insouciance pour toute amélioration est encouragée par le silence d'une presse pusillanime et inintelligente, gardent un rôle purement expectant, et s'endorment sur des volcans. Les peuples eux-mêmes, auxquels on ne donne jamais aucun moyen pratique pour sortir de leur misérable condition, sont conduits par des meneurs sans idées à des changements sans résultats.

Encore une observation importante avant de finir. On a vu que l'association et la communauté sont aussi vieilles que le monde, et qu'elles ont toujours été enseignées et même mises en pratique d'une manière incomplète. Or, dira-t-on, et c'est une objection que nous ne pouvons laisser sans réponse, comment se fait-il que des essais d'association déjà tentés n'aient pu convertir par la bonté de leurs résultats tout le genre humain? Morelly, en disant qu'il faut spéculer sur un nombre *suffisant* de personnes, et Fourier que l'association doit être *intégrale*, ont donné la raison pour laquelle des essais partiels ne peuvent pas réussir. Avant eux les jurisconsultes avaient aussi étudié les conditions et de l'association et de la communauté : il faut, dit le *Dictionnaire de Jurisprudence*, que « tout membre d'une communauté ne soit pas attaché à une autre dont les intérêts sont plus nombreux. » En effet, si les habitants de nos *communes* administrent avec tiédeur leurs intérêts *communs*, c'est qu'ils font partie d'une autre communauté qui leur est plus chère, leur propre famille. Si celle-ci tend bientôt à se dissoudre, c'est qu'elle ne renferme pas les ressources suffisantes. On doit tirer de là une conclusion fort simple, c'est que la famille, purifiée de tous rapports d'intérêts entre ses membres, doit être rattachée à une autre famille sociale beaucoup plus nombreuse, dans laquelle, sans quitter la première, l'homme trouve toutes les ressources de l'industrie, des sciences et des arts. Ce noyau social, réunion presque encyclopédique de tous les travaux, ne peut être composée de moins de mille à deux mille personnes ; sans cette condition première, toute association laissant en dehors d'elle des intérêts, des affections ou des plaisirs qu'elle ne peut satisfaire, tend tôt ou tard à se dissoudre ; et l'on accuse de fausseté la doctrine sociale, quand on devrait s'en prendre uniquement à la mesquinerie de l'entreprise.

F. VILLEGARDELLE.

CODE
DE LA NATURE,

OU

LE VÉRITABLE ESPRIT DE SES LOIS,

DE TOUT TEMPS NÉGLIGÉ, OU MÉCONNU.

Quæque diù latuêre, canam....
Ovid.

PRÉFACE.

Non est mora longa (1)... Qu'on lise ce livre ou non, peu m'importe; mais si on le lit, il faut achever avant toute contestation. Je ne veux point d'audience à demi, ni de juge prévenu; il faut pour m'entendre quitter ses plus chers préjugés : laissez un instant tomber ce voile; vous apercevrez avec horreur la source et l'origine de tous maux, de tous crimes, là même où vous prétendez puiser la sagesse. Vous verrez avec évidence les plus simples et les plus belles leçons de la nature perpétuellement contredites par la morale et la politique vulgaire. Si, le cœur et l'esprit fascinés de leurs dogmes, vous ne voulez ni ne pouvez en sentir les absurdités, je vous laisse au torrent de l'erreur : *Qui vult decipi, decipiatur.*

(1) Horace.

CODE
DE LA NATURE.

PREMIÈRE PARTIE.

DÉFAUTS DES PRINCIPES GÉNÉRAUX DE LA POLITIQUE ET DE LA MORALE.

Sujet de cette Dissertation.

Je développe analytiquement dans cette dissertation des vérités qui, malgré leur simplicité et leur évidence, sont presque de tout temps demeurées dans l'oubli, ou environnées des ténèbres des préjugés. Je tâche de rassembler ces vérités éparses çà et là dans les écrits de quelques-uns de nos sages, mais confondues dans un si grand nombre de fausses opinions, ou si faiblement énoncées, qu'elles y sont à peine aperçues. Je les ai réunies pour leur restituer toute leur force. Un poëme aussi nouveau par son sujet que par sa construction, vient de revêtir ces vérités de toutes les grâces de l'*épopée*, pour les faire briller avec plus de charmes. Je ne leur laisse dans cette dissertation d'autres ornements que leur propre évidence.

Tel est le déplorable état de la raison, qu'il faut faire mille efforts, user de mille stratagèmes, pour déchirer le bandeau qui l'aveugle, et lui faire tourner les yeux vers les vrais intérêts de l'humanité : c'est le but de la *Basiliade*. Après avoir dit un mot du sujet et de la conduite de ce poëme, j'expose ici tout nuement le système de sa morale.

Réflexions générales sur la conduite et le but de la *Basiliade*.

Il semble que l'auteur ait pensé que, sans étudier la Poétique d'Aristote ni ses commentaires, on pouvait, à l'aide d'une imagination vive, dirigée par le jugement, construire un *poëme épique* dans toutes les règles de l'art; ces règles sont elles-mêmes fort postérieures à l'exercice du génie sur des sujets héroïques, et c'est des productions de ce *feu de l'âme* qu'elles ont emprunté leur autorité. En un mot, comme on a raisonné, et raisonné juste, avant qu'il y eût une logique artificielle, il y a eu de très-beaux poëmes avant qu'on s'avisât d'observer comme ils étaient construits.

Je crois comme lui qu'en rendant justice aux ingénieuses rêveries des anciens et des modernes qui se sont signalés, on pouvait ouvrir une nouvelle carrière à l'épopée, et bâtir sur un plan dans lequel il n'entrât rien des actions fougueuses, de ces événements tragiques et sanglants, ni de ces aventures romanesques que les grands poëtes ont estimé dignes de leurs chants.

Les fictions de ces hommes célèbres tiennent toutes aux préjugés religieux, politiques et moraux des nations qu'ils ont voulu instruire ou flatter ; ils respectaient eux-mêmes ces préjugés ; et plus touchés du spécieux que du réel, ils ne cherchaient qu'à embellir ce qu'ils croyaient bon et louable.

En examinant sérieusement combien leur morale est inférieure aux fables et aux allégories dont ils s'efforcent de l'orner, on ne peut s'empêcher de les comparer à des artistes qui décoreraient d'une riche broderie une étoffe de vil prix. J'admire la beauté de l'ouvrage, et méprise la matière. Ces heureux génies voulaient plaire, parce qu'ils espéraient instruire : leur intention fait leur éloge ; mais, dans le vrai, ils n'ont réussi qu'à demi, ils ont plu seulement.

Il paraît que l'auteur ambitionne, comme eux, la gloire d'être utile au genre humain, et qu'il fait des efforts pour les surpasser : pour parvenir à ce point, il a pris une route presque toute nouvelle, et il lui a fallu de nouveaux moyens. Il n'avait point de modèle ; où en prendre? Là même où personne ne s'est avisé d'en chercher.

Chaque poëte s'est contenté de renfermer son sujet dans les limites d'un trait d'histoire ou de fable qui intéressât les mœurs, la religion ou la gloire d'une nation ; M. M****** ne s'est prescrit d'autres bornes que celles des vrais avantages de l'humanité entière. Enfin, il lui fallait un héros qui, pour être capable de régir un peuple selon les lois paisibles de la simple nature, ne ressemblât point à la plupart de ceux que l'erreur admire, et auxquels la flatterie prodigue les titres les plus fastueux.

Il n'était pas moins nécessaire que les machines de ce poëme n'eussent rien de ce que, de tout temps et presque partout, la superstition a prêté de monstrueux ou de ridicule aux objets de ses frayeurs et de son culte fanatique. Il fallait que ces machines produisissent, non le puéril merveilleux des prestiges, mais la ravissante organisation de l'univers. Les puissances protectrices de son héros devaient être de magnifiques emblèmes des seuls vrais attributs de la Divinité, et non des fantômes bizarrement personnifiés, qui, dans nos poëmes ordinaires, servent à mener au dénouement l'entreprise hardie de quelque forcené, ou à tirer d'embarras quelque malheureux.

Sans plus long parallèle, on sentira à la lecture de son ouvrage, toutes ces différences : on y remarquera aussi qu'à l'égard des tableaux et des descriptions l'auteur a tâché, comme nos écrivains célèbres, d'imiter la belle nature ; et que s'il s'est quelquefois trouvé le copiste des mêmes objets, il a évité, autant qu'il est possible, de les prendre dans la même attitude ou sous le même point de vue. Je laisse le lecteur juge de la nouveauté du spectacle, aussi bien que de la bonté du dessein et de l'exécution. Passons des moyens au but principal.

Ce but est de faire voir que le véritable héros est l'homme même, formé par les leçons de la nature, et de saper par les fondements tous les malheureux préjugés qui le rendent sourd à la voix de cette aimable législatrice. C'est de la dignité de ce sujet que se tire le principal titre de ce poëme (1) ; et, sous l'allégorie de *Naufrage des Iles flottantes*, on désigne le sort que l'on veut faire subir à la plupart des frivolités dont la raison est offusquée.

(1) La *Basiliade* signifie, en grec, les actions héroïques d'un homme vraiment digne de l'empire du monde.

Erreurs invétérées de la morale vulgaire ; difficultés d'en percer les ténèbres et la multitude.

Il est surprenant, pour ne pas dire prodigieux, de voir combien notre morale, à peu près la même chez toutes les nations, nous débite d'absurdités sous le nom de principes et de maximes incontestables. Cette science, qui devrait être aussi simple, aussi évidente, dans ses premiers axiomes et leurs conséquences, que les mathématiques elles-mêmes, est défigurée par tant d'idées vagues et compliquées, par tant d'opinions qui supposent toujours le faux, qu'il semble presque impossible à l'esprit humain de sortir de ce chaos : il s'accoutume à se persuader ce qu'il n'a pas la force d'examiner. En effet, il est des millions de propositions qui passent pour certaines, d'après lesquelles on argumente éternellement ; voilà les *préjugés*. Je les compare à ces dissertations que font les antiquaires sur de fausses médailles. Si l'on est étonné que ces savants s'en soient laissé imposer par quelque fondeur, le sage ne l'est pas moins de voir les hommes assujettis depuis tant de siècles à des erreurs qui sans cesse troublent leur repos. La raison générale de cet aveuglement, de sa durée et de la difficulté d'en guérir, c'est que la vérité est une mesure si fine, si précise et si déliée, que, de la moindre quantité qu'on la manque, cet écart, infiniment petit à son origine et presque imperceptible, croît avec une rapidité et dans une progression beaucoup plus énorme qu'aucune erreur de calcul ; mais avec cette fâcheuse différence que, plus on se trompe, moins on croit se tromper : si l'on vient à le reconnaître, alors l'étendue de ce dédale, ses énormes détours effraient, étourdissent ; on ne peut ou on n'ose en chercher les issues.

Dans les derniers temps, et même de nos jours, les Bacon, les Hobbes, les Locke, les Pope, les Montesquieu, etc., ont tous aperçu que la partie la plus imparfaite de la philosophie était la morale, tant à cause de la complexité embarrassante de ses idées que par l'instabilité de ses principes, par l'irrégularité de sa méthode, qui ne peut rien réduire en démonstration, trouvant à chaque pas des propositions dont la négative peut également se défendre.

Ces difficultés ont rebuté partie de ces grands hommes, jeté l'autre dans un doute général; quelques-uns seulement ont essayé de décomposer ce tout, d'en examiner séparément les pièces, mais sans oser rien conclure, soit qu'ils n'aient pu découvrir le premier pli de ce nœud compliqué, soit qu'ils se soient contentés de le laisser deviner, après avoir mis sur les voies.

Principes des erreurs des moralistes anciens et modernes; ce qu'ils auroient dû faire pour les reconnaître et les éviter.

J'ai tâché de découvrir ce premier chaînon de l'erreur, et de rendre sensible ce premier point *divergent* qui a toujours éloigné nos moralistes et nos législateurs de la vérité. Écoutez-les tous; ils vous poseront pour principe incontestable et pour base de tous leurs systèmes, cette importante proposition : *L'homme naît vicieux et méchant.* Non, disent quelques-uns, *mais la situation où il se trouve dans cette vie, la constitution même de son être, l'exposent inévitablement à devenir pervers* (1).

Tous prenant ceci à la rigueur, aucun ne s'est imaginé qu'il en pouvait être autrement; aucun, par conséquent,

(1) Combien d'impertinences en prose et en vers n'a-t-on pas dites sur ce sujet!

ne s'est avisé qu'on pouvait proposer et résoudre cet excellent problème :

Trouver une situation dans laquelle il soit presque impossible que l'homme soit dépravé, ou méchant, ou du moins, *minima de malis*.

Ce problème et sa solution manqués, nos instituteurs anciens ont perdu de vue l'unique cause première de tous les maux, l'unique *medium* évident qui pouvait leur faire reconnaître une erreur commencée. Nos modernes, après eux, se sont trouvés encore plus éloignés d'une première vérité qui leur aurait fait nettement reconnaître la véritable origine, la nature, l'enchaînement des vices, et l'inefficacité des remèdes que la morale vulgaire prétend y apporter. Ils auraient pu, dis-je, à l'aide de ces lumières, facilement décomposer cette morale d'institution, prouver le faux de ses hypothèses, l'impuissance de ses préceptes, les contrariétés de ses maximes, l'opposition de ses moyens avec leur fin; en un mot, démontrer en détail les défauts de chaque partie de ce corps monstrueux.

Cette analyse, comme celle des équations mathématiques, écartant, et faisant disparaître le faux, le douteux, aurait enfin fait sortir l'*inconnue*, je veux dire, la morale véritablement susceptible des démonstrations les plus claires.

En suivant cette méthode, j'ai découvert que de tout temps nos sages, pour chercher à guérir une dépravation qu'ils ont mal à propos cru un fatal apanage de la condition humaine, ont commencé par imaginer que la cause de cette caducité était où elle n'exista jamais, et ont été précisément prendre ce poison pour le remède du mal dont ils le prétendaient cause.

Se répétant sans cesse, aucun de ces prolixes discoureurs ne s'est avisé de soupçonner que cette cause de la corruption des hommes fût précisément une de leurs premières leçons ; la matière leur en paraissait trop pure, trop auguste; leurs lois, leurs règles trop prudentes et trop respectables, pour qu'on osât leur imputer cet énorme grief; ils ont mieux aimé le rejeter sur la nature : ainsi l'homme, au sortir de ses mains, quoique également privé de toutes idées métaphysiques ou morales, simplement muni des facultés propres à recevoir ces idées; l'homme, dans les premiers instants de son existence, plutôt absolument indifférent à tout mouvement, que porté à aucune fougue impétueuse, se trouve, par la plupart de nos philosophes, suffisamment pourvu de quantité de vices, mêlés de quelques vertus, *innés*, aussi bien que d'idées de même nom. Avant même que de voir le jour, il porte dans son sein les funestes semences de dépravation qui l'excitent à chercher son bien aux dépens de toute espèce, et de l'univers entier, s'il était possible.

Quand je passerais cette spécieuse absurdité, je serais toujours en droit de faire remarquer, que, loin de chercher les moyens de déraciner ou de réprimer ces mauvais penchants pour laisser fructifier quelques faibles vertus, dont, selon ces docteurs, les racines ne sont pas absolument pourries; que loin, dis-je, de fomenter ces salutaires dispositions, ils ont fait précisément tout ce qu'il fallait pour jeter et faire éclore dans le cœur de l'homme une semence de vice qui ne fut jamais, et pour étouffer le peu de vertus qu'ils imaginent y cultiver.

Causes de la corruption de l'amour-propre.

Voyons, par exemple, cet amour-propre dont vous faites une hydre à cent têtes, et qui l'est, en effet, devenu par vos propres préceptes. Qu'est-il cet amour de soi-même dans l'ordre de la nature? un désir constant de conserver son être par des moyens faciles et innocents que la Providence avait mis à notre portée, et auxquels le sentiment d'un très-petit nombre de besoins nous avertissait de recourir.

Mais dès que vos institutions ont eu environné ces moyens d'une multitude de difficultés presque insurmontables, et même de périls effrayants : *naturæ bellum indicant, confligat oportet;* était-il étonnant de voir un paisible penchant devenir furieux, et capable des plus horribles excès, vous obliger à travailler pendant des milliers de siècles, avec autant de peine que peu de succès, à calmer ses transports, ou réparer ses dégâts? Est-il étonnant que vous ayez vu cet amour de nous-mêmes, ou se transformer en tous les vices, contre lesquels vous déclamez vainement, ou bien prendre le masque des vertus factices que vous prétendiez lui opposer?

C'est donc précisément de votre triste morale que l'éducation commune des hommes empruntant ses lugubres couleurs, on a vu, et l'on voit ses leçons porter dans leur cœur, dès sa plus tendre enfance, le funeste levain que vous attribuez faussement à la nature.

Donc le premier usage que fit un père de pareils préceptes pour instruire ses enfants, fut l'époque fatale de l'esprit d'indocilité, de révolte et de violence. Était-ce un vice de la nature que cette résistance? Non, certainement; elle était une défense bien légitime de ses droits.

Si ce père simple et sauvage errait dans les moyens de policer sa famille, et d'y maintenir la paix; si l'ordre qu'il s'était avisé d'y établir pour cette fin, était vicieux, les inconvénients dans ces commencements n'étaient pas considérables.

Vous, réformateurs du genre humain, qui deviez être avertis, par ces inconvénients, des défauts de cette police, en sentir la cause, en remarquer les effets, en prévoir les dangereuses conséquenees, êtes-vous excusables d'avoir adopté ces erreurs, d'en avoir favorisé le progrès, de les avoir multipliées comme les nations, au gouvernement desquelles vous les avez fait servir de règles?

Telles sont, en général, les méprises invétérées que l'on attaque dans la *Basiliade;* et voici en peu de mots les vérités que je prétends établir dans cet ouvrage.

Etat de l'homme au sortir des mains de la nature, et ce qu'elle a fait pour le préparer à être sociable.

L'homme n'a ni idées ni penchants *innés*. Le premier instant de sa vie le trouve enveloppé d'une *indifférence totale,* même pour sa propre existence. Un sentiment aveugle, qui ne diffère point de celui des animaux, est le premier moteur qui fait cesser cette indifférence.

Sans entrer dans le détail des premiers objets qui font sortir l'homme de cet engourdissement, ni de la manière dont cela s'opère, je dis que ses besoins l'éveillent par degrés, le rendent attentif à sa conservation; et c'est des premiers objets de cette attention qu'il tire ses premières idées.

La nature a sagement proportionné nos besoins aux accroissements de nos forces; puis en fixant le nombre de ces besoins pour le reste de notre vie, elle a fait qu'ils excédassént toujours de quelque chose les bornes de notre pouvoir. On va voir les raisons de cette disposition.

Si l'homme ne trouvait aucun obstacle à satisfaire ses besoins, chaque fois qu'il les aurait contentés, il retomberait dans sa première indifférence, il n'en ressortirait que lorsque le sentiment de ces besoins renaissants l'agiterait; et la facilité d'y pourvoir n'aurait pas besoin de lumières supérieures à l'instinct de la brute; il n'aurait pas été plus sociable qu'elle.

Ce n'était point là les intentions de la suprême sagesse; elle voulait faire de l'espèce humaine un tout intelligent, qui s'arrangeât lui-même par un mécanisme aussi simple que merveilleux; ses parties étaient préparées, et, pour ainsi dire, taillées pour former le plus bel assemblage; quelques légers obstacles devaient moins s'opposer à leur tendance, que les exciter fortement à l'union : séparément faibles, délicates et sensibles; des désirs, des inquiétudes causés par la distance momentanée d'un objet propre à les satisfaire, devaient augmenter cette espèce d'*attraction morale.*

Que devait-il résulter de la *tension* de ces ressorts? Deux effets admirables ; savoir : 1° une *affection bienfaisante* pour tout ce qui soulage ou secourt notre faiblesse; 2° *le développement de la raison*, que la nature a mise à côté de cette faiblesse pour la seconder.

De ces deux sources fécondes devaient encore couler l'esprit et les motifs de sociabilité, une industrie, une prévoyance unanime ; enfin, toutes les idées, les connaissances directement relatives à ce bonheur commun. On peut donc dire avec Sénèque : *Quidquid nos meliores beatosque facturum est, natura in aperto aut in proximo posuït.*

C'est donc précisément dans ces vues que la nature a distribué les forces de l'humanité entière, avec différentes proportions entre tous les individus de l'espèce; mais elle leur a indivisiblement laissé la propriété du champ producteur de ses dons, à tous et un chacun l'usage de ses libéralités. Le monde est une table suffisamment garnie pour tous les convives, dont tous les mets appartiennent, tantôt à tous, parce que tous ont faim, tantôt à quelques uns seulement, parce que les autres sont rassasiés ; ainsi personne n'en est absolument le maître, ni n'a droit de prétendre l'être.

C'est sur la stabilité de cette base que la nature avait appuyé ce qui devait être changeant et mobile ; elle avait pris soin d'en régler et combiner les mouvements.

Exposition détaillée des vrais fondements de sociabilité.

Je m'arrêterai encore à considérer les fondements, l'ordre, et l'assortiment des principaux ressorts de cette admirable machine :

1° Unité indivisible de fonds de patrimoine, et usage commun de ses productions ;

2° Abondance et variété de ces productions plus étendues que nos besoins, mais que nous ne pouvons recueillir sans travail ; tels sont les préparatifs de notre conservation, les soutiens de notre être.

Repassons aussi sur ce que la nature a fait pour disposer les hommes à une unanimité, à une concorde générale, et comment elle a prévenu le conflit de prétentions qui pourrait arriver dans quelques cas particuliers.

1° Elle fait sentir aux hommes, par la parité de sentiments et de besoins, leur égalité de conditions et de droits, et la nécessité d'un travail commun.

2° Par la variété momentanée de ces besoins, qui fait qu'ils ne nous affectent pas tous, ni également, ni dans les mêmes instants, elle nous avertit de relâcher quelquefois de ces droits pour les céder à d'autres, et nous induit à le faire sans peine.

3° Quelquefois elle prévient entre nous l'opposition, la concurrence des désirs, des goûts, des inclinations, par un nombre suffisant d'objets capables de les contenter séparément; ou bien elle varie ces désirs, ces penchants, pour les empêcher de tomber en même temps sur un objet qui serait unique, *trahit sua quemque voluptas.*

4° Par la diversité de force, d'industrie, de talents mesurés sur les différents âges de notre vie, ou la conformation de nos organes, elle indique nos différents emplois.

5° Elle a voulu que la peine, la fatigue de pourvoir à nos besoins, toujours un peu plus étendus que nos forces, quand nous sommes seuls, nous fît comprendre la nécessité de recourir à des secours, et nous inspirât de l'affection pour tout ce qui nous aide ; de là notre aversion pour l'abandon et la solitude, notre amour pour les agréments et les avantages d'une puissante réunion, d'une *société.*

Enfin, pour exciter et entretenir parmi les hommes une *réciprocité* de secours et de gratitude, pour leur marquer les instants qui leur prescrivent ces devoirs, la Nature est entrée dans les moindres détails ; elle leur fait tour à tour éprouver inquiétude ou tranquillité, lassitude ou repos, affaiblissement ou augmentation de force.

Tout est compassé, tout est pesé, tout est prévu dans le merveilleux *automate* de la société; ses engrenures, ses contre-poids, ses ressorts, ses effets : si l'on y voit contrariété de forces, c'est vacillation sans secousse, ou équilibre sans violence ; tout y est entraîné, tout y est porté vers un seul but commun.

Cette machine, en un mot, quoique composée de parties intelligentes, opère en général, indépendamment de leur raison dans plusieurs cas particuliers ; les délibérations de ce guide sont prévenues, et ne le laissent que spectateur de ce qu'effectue le sentiment. On peut donc dire avec Ciceron (1) : *Natura ingenuit, sine doctrina,*

(1) *De finibus*, lib. 5.

notitias parvas maximarum rerum; virtutem ipsam inchoavit.

Sur quels principes la morale et la politique devaient établir leurs préceptes et leurs institutions.

C'était à la morale et à la politique, *ad ea principia quæ accepimus consequentia exquirere ;* c'était d'après ces excellentes dispositions qu'elles devaient travailler à seconder la nature par l'art; c'était sur les opérations de celle-là qu'elles devaient régler celui-ci : c'était sur le partage des forces de l'humanité qu'elles devaient régler les devoirs et les droits de chaque membre, et leur distribuer leurs emplois : c'était là qu'il fallait appliquer la balance et le poids, le *cuique suum :* c'était sur les proportions des parties du tout, que les sciences de gouverner et les cœurs et les actions des hommes devaient établir les vrais moyens de maintenir et d'encourager l'union d'une société, et d'en rétablir les accords, si quelque chose eût pu leur nuire ou les rompre. Ce que l'on nomme les tons de cette harmonie, je veux dire les rangs, les dignités, les honneurs, devaient être mesurés sur les degrés de zèle, de capacité, sur l'utilité des services de chaque citoyen : on pouvait alors, sans danger, pour encourager tout effort généreux, tendant au bien commun, y attacher les idées flatteuses dont on décore de vains fantômes, objets frivoles de l'envie; ce vice, tout honteux qu'il est, n'en veut qu'à ce qui ne peut nous être utile : il n'existe même et ne peut exister qu'où la vanité s'est approprié et le nom et les avantages du mérite. En un mot, si l'on eût établi que les hommes ne seraient grands et respectables qu'à proportion qu'ils seraient bons, et plus estimés qu'à proportion qu'ils auraient été meilleurs, il n'y eût jamais eu entre eux que l'émulation de se rendre réciproquement heureux ; alors l'*oisiveté*, l'*inaction*, auraient été les seuls vices, les seuls crimes et les seuls opprobres ; alors l'ambition aurait été, non le désir de subjuguer ou d'opprimer les hommes, mais celui de les surpasser en industrie, en travail, en diligence : les égards, les louanges, les honneurs, la gloire, auraient été de continuels sentiments de gratitude, ou de conjouissance, et non pas de honteux tributs de la bassesse, ou de la crainte pour ceux qui les paient, ou de vains et d'orgueilleux appuis de ce qu'on nomme fortune, élévation, pour ceux qui les exigent et les reçoivent.

Le seul vice que je connaisse dans l'univers, est l'*avarice;* tous les autres, quelque nom qu'on leur donne, ne sont que des tons, des degrés de celui-ci ; c'est le Protée, le Mercure, la base, le véhicule de tous les vices. Analysez la vanité, la fatuité, l'orgueil, l'ambition, la fourberie, l'hypocrisie, le scélératisme ; décomposez de même la plupart de nos vertus sophistiques, tout cela se résout en ce subtil et pernicieux élément, le *désir d'avoir :* vous le retrouverez au sein même du désintéressement.

Or, cette peste universelle, l'*intérêt particulier*, cette fièvre lente, cette *éthisie* de toute société aurait-elle pu prendre où elle n'eût jamais trouvé, non-seulement d'aliment, mais le moindre ferment dangereux ?

Je crois qu'on ne contestera pas l'évidence de cette proposition : *Que là où il n'existerait aucune propriété, il ne pourrait exister aucune de ses pernicieuses conséquences.*

Idée de la probité naturelle ; comment on pouvait en prévenir la corruption.

Alors la *probité naturelle* qui, dans l'ordre général de l'univers, est le résultat d'un arrangement infiniment sage, dans lequel aucun être ne peut, sans cause accidentelle, nuire au mouvement ni à l'existence d'un autre; cette probité, dis-je, serait demeurée ce qu'elle était dans l'homme, un éloignement invincible de toute action dénaturée, une loi dictée par le sentiment, approuvée et chérie par l'esprit et le cœur : loin de rencontrer de continuels obstacles qui affaiblissent ou détruisent cet état paisible de l'être raisonnable, l'homme, exempt des craintes de l'indigence, n'eût eu qu'un seul objet de ses espérances, qu'un seul motif de ses actions, *le bien commun*, parce que le sien particulier en aurait été une conséquence infaillible. Donc, je le répète, ce que l'on nomme *probité* serait demeuré inaltérable; elle aurait acquis tous les ornements que nous vantons dans le commerce de familiarité, je veux dire la complaisance, l'affabilité, en un mot, la politesse des manières, ainsi que celle des mœurs.

Qui ne comprendra que cette morale aurait été susceptible des démonstrations, non seulement les plus claires, mais les plus simples et les plus à la portée de tous les hommes ? Qui peut douter que l'éducation, tirant ses préceptes de cette morale, aurait donné à des vérités très-sensibles et généralement intéressantes, au moins autant de pouvoir et de crédit sur tous les cœurs, que l'éducation ordinaire donne de force et d'empire à mille préjugés ridicules ? La nôtre, en prévenant toute habitude vicieuse, aurait laissé ignorer aux hommes qu'ils pussent devenir méchants.

Mais avant d'examiner plus en détail pourquoi la *probité* naturelle de la créature raisonnable s'est si prodigieusement altérée, tirons, des objections même des moralistes, de nouvelles preuves de l'efficacité des leçons d'une éducation qui serait réglée sur nos principes.

Objection.

Quand on vous accorderait, disent-ils, que la politique et la morale s'y sont fort mal pris pour remédier à nos maux, sera-t-il moins vrai de soutenir que leur impuissance vient moins de leur propre fonds, que de la mauvaise volonté des hommes, qui naissent avec des penchants vicieux qu'il faut réprimer par la violence?

Voyez, par exemple, deux enfants; à peine discernent-ils les objets, que vous apercevez en eux un esprit de contention, de dispute, de mutinerie, d'impatience et d'obstination: l'un, quoique déjà pourvu de ce que ses cris vous ont averti qu'il désirait, veut encore avoir ce que vous venez de donner à un autre: on voit souvent ces débiles automates se disputer, avec colère et emportement, un chétif amusement. Funeste présage de leur future férocité, de leur future discorde!

Réponse.

Je réponds, premièrement, que les enfants n'étant alors pourvus d'un instinct guère plus raffiné que celui de certains animaux qu'on apprivoise, n'ont, non plus que ces animaux, que des accès momentanés de colère, que des sujets passagers de discorde, causés par un sentiment prompt et vif de quelque besoin ou de quelque inquiétude, qui les met quelquefois en concurrence pour la possession d'une même chose; mais ces sortes de dissensions, de querelles de peu de durée qui naissent entre les brutes de même espèce, sont pour elles, en général, de si peu de conséquence, que si l'homme restait, comme ces animaux, borné à un petit nombre de facultés, il n'aurait, comme eux, ni haine, ni jalousie, ni aucune passion habituelle, ni volonté déterminée et opiniâtre qui pût le porter constamment à des actions féroces; ainsi il n'aurait pas eu plus besoin de morale et de lois que la brute; il n'aurait pas été moralement plus méchant ni plus dépravé qu'elle envers son espèce.

Quelle éducation préviendrait tout vice.

J'ajoute, en second lieu, que, puisque chez l'homme la raison succède à une sorte de sentiment aveugle, il est fait pour être le plus doux et le plus traitable de tous les animaux, et le serait en effet devenu, si d'abord ce sentiment stupide n'eût été mécaniquement employé qu'à le familiariser avec des habitudes pacifiques, si la raison fût ensuite venue les perfectionner; elle n'était point faite, quoi qu'en disent nos philosophes, pour combattre en nous des passions fougueuses, ou pour prévenir des désordres qui n'eussent jamais existé, si l'homme eût été préparé, et, pour ainsi dire, apprivoisé par le mécanisme d'une éducation conforme à nos principes; il n'eût plus alors eu besoin de faire usage des facultés de son esprit, que pour connaître et jouir des avantages d'une société sagement constituée : accoutumé, dès ses premières années, à se plier à ses lois, il ne se serait jamais avisé d'y contrevenir. Aucune crainte de manquer de secours, ni de choses nécessaires ou utiles, n'eût excité en lui des désirs démesurés. Toute idée de propriété sagement écartée par ses pères, toute rivalité prévenue ou bannie de l'usage des biens communs, aurait-il été possible que l'homme eût

pensé à ravir, ou par force ou par ruse, ce qui ne lui eût jamais été disputé ?

Je veux convenir que, malgré les sages précautions de notre système d'éducation, il eût toujours existé parmi les hommes quelques sujets de contention, de dispute ; mais ces légères irrégularités auraient été aussi passagères que les causes et les circonstances qui les auraient produites. La cause générale et permanente de toute discorde n'existant point, le cœur humain ne se trouvant plus exposé à de longues et violentes secousses, ni agité de cruelles perplexités, il est évident qu'il n'eût pu contracter les vicieuses habitudes qui le dépravent : d'ailleurs, les préjugés pacifiques de son éducation eussent sans cesse aidé la raison, qu'une infinité de fausses idées n'eussent point offusquée, à calmer de très-faibles agitations.

Quelle éducation perpétue les erreurs de la morale.

Ce que je viens d'accorder à nos adversaires me fournit de nouvelles armes contre eux. Puisqu'il n'est point de la condition présente de l'humanité de trouver des moyens parfaitement efficaces de prévenir tout trouble dans une société, quels funestes effets ne doit-il pas résulter des préceptes, des exemples et des préjugés transmis de père en fils, par une éducation qui, d'après une morale pleine d'erreurs énormes, respectées comme d'éternelles vérités, effarouche l'homme dès son enfance, et ne tourne sa raison naissante que sur des considérations affligeantes? Est-il étonnant alors de voir cette raison devenir un des plus dangereux instruments de méchanceté? C'est de là qu'il en faut dater les égarements.

En effet, à quoi cette éducation prépare-t-elle et l'esprit et le cœur, sinon à subir le joug d'une morale factice qui tourne le dos à la nature, et se trouve perpétuellement en contradiction avec elle-même, puisque, par ses propres conseils, les choses se trouvent malheureusement arrangées, ou plutôt bouleversées, de façon qu'en une infinité de circonstances, il faut qu'il naisse de violentes et fougueuses passions, des moyens mêmes qu'elle indique pour les combattre et les dompter?

La plupart des législateurs ont rompu les liens de sociabilité, et occasionné ou entretenu les suites fâcheuses de cette rupture.

Tâchons maintenant de confirmer, par l'expérience, des vérités que nous venons d'établir par le raisonnement; vérités importantes et précieuses qui, depuis six à sept mille ans, qu'une grande partie de notre espèce se souvient d'avoir reçu des lois, ont été contredites par ceux qui se sont mêlés de les lui prescrire.

Montrons que ces prétendus sages, que notre imbécillité admire, en privant la moitié des hommes des biens de la nature, ont abrogé ses sages dispositions, et ont ouvert la porte à tous les crimes (1).

Ces guides, aussi aveugles que ceux qu'ils prétendaient conduire, ont éteint tous les motifs d'affection qui devaient nécessairement faire le lien des forces de l'humanité. Ils ont changé toute prévoyance unanime, toute communication de secours, en de timides soucis partagés entre les membres dépecés de ce grand corps; ils ont, par mille agitations contraires de ces parties désunies, confondues,

(1) Qu'on suspende ici l'objection qu'on pourrait me faire en faveur des législateurs; qu'*ils n'ont rien changé ni corrompu*. Je prouverai, par la suite, que plusieurs en peuvent être accusés, et qu'*en fait de réforme, qui n'améliore rien, gâte tout.*

allumé l'incendie d'une ardente cupidité : ils ont excité la faim, la voracité d'une avarice insatiable. Leurs folles constitutions ont exposé l'homme aux risques continuels de manquer de tout : est-il étonnant que, pour repousser ces dangers, les passions se soient embrasées jusqu'à la fureur? Pouvaient-ils mieux s'y prendre pour faire que cet animal dévorât sa propre espèce? Aussi, que d'efforts ces empiriques n'ont-ils pas dû faire pour empêcher un malheur qui devait indubitablement arriver!

Il a fallu, à force de règles, de maximes, reboucher les ruptures continuelles d'une digue imprudemment opposée au cours paisible d'un ruisseau gonflé par cet obstacle, et devenu, par ses débordements, une mer orageuse.

De maladroits machinistes ont rompu des liens, des ressorts dont la dissolution allait entraîner celle de toute humanité, et ils tâchent d'arrêter sa ruine à force de ligaments bizarrement entortillés, et de contrepoids appliqués au hasard. Que naît-il de leurs travaux? De volumineux traités de morale et de politique, *quorum tituli remedia habent, pixides venena* (1). Beaucoup de ces ouvrages peuvent donc s'intituler, les uns : *L'art de rendre les hommes méchants et pervers sous les plus spécieux prétextes, et à l'aide même des plus beaux préceptes de probité et de vertu;* l'étiquette des autres sera : *Moyens de policer les hommes par les règlements et les lois les plus propres à les rendre féroces et barbares.*

Pourquoi les lois de la nature sont devenues impraticables.

C'est en conséquence de ces bévues de nos premiers maîtres de morale, que celle de la *Basiliade* paraît abso-

(1) Lactance.

lument impraticable aux savants auteurs de la *Bibliothèque impartiale* (1), et de la *Nouvelle Bigarrure* (2). J'en conviens avec eux et avec tous ceux qui l'objecteront; mais c'est seulement de nos jours qu'un aussi excellent législateur que le héros de ce poëme ne serait point écouté, eût-il la force et l'autorité d'un Pierre Alexiowitz dans ses États, tant l'absurdité invétérée de nos préjugés est tenace. De plus, comme je prétends que la morale vulgaire s'est établie sur les ruines des lois de la nature, il faudrait entièrement renverser celle-là pour rétablir celles-ci. Au reste, je pense qu'à l'examen de ce poëme ces critiques auront compris que le but de l'auteur était de faire voir, comme il le dit dans une note (3), *pourquoi la morale et la politique vulgaire sont si opposées aux vérités de ses spéculations;* et de prouver, de plus, que ces vérités fussent devenues très-praticables si elles eussent été suivies par les premiers législateurs. J'ose ici soutenir que, si ce bonheur fût arrivé, nous regarderions à présent comme absolument impossible tout autre système de police, et peut-être même n'en aurions-nous pas d'idée.

(1) *Bibl. imp.* mois de nov. 1753, tome III, 5e partie, page 401-415.
(2) *Nouv. Bigarrure.*, nov. 1753, tom. IX, pag. 145-150.
(3) *Basiliade*, chant III.

DEUXIÈME PARTIE.

DÉFAUTS PARTICULIERS DE LA POLITIQUE.

Preuves expérimentales de nos principes.

L'objection que fait l'auteur de la *Bibliothèque* sur la note déjà citée du troisième chant de la *Basiliade*, me donne occasion d'entrer ici dans un détail circonstancié de nouvelles preuves des vrais principes de toute morale et de toute législation, et de démontrer analytiquement l'origine et les progrès des erreurs qui ont perverti l'excellence des lois primitives de la nature.

Voici ce que ce savant oppose à l'hypothèse de notre poëte : « On sait assez combien il y a de distance entre « les plus belles spéculations de cet ordre et la possibilité « de l'exécution ; c'est que dans la théorie on prend des « hommes imaginaires qui se prêtent avec docilité à tous « les arrangements, et qui secondent, avec un zèle égal, les « vues du législateur ; mais dès qu'on veut réaliser les « choses, il faut se servir des hommes tels qu'ils sont, « c'est-à-dire indociles, paresseux, ou bien livrés à la « fougue de quelque violente passion. Le projet d'égalité « est, en particulier, un de ceux qui paraît le plus répu- « gnant au caractère des hommes : ils naissent pour com- « mander ou pour servir : un état mitoyen leur est à « charge. »

Cette objection est dans la bouche de tous nos moralistes; c'est un de ces principes que personne ne s'avise de leur contester. Tous disent, avec l'impartial auteur que je cite, que la cause de la distance entre la plus belle théorie morale et la pratique, vient de ce que dans celle-là on imagine (ce qui n'est pas) des hommes qui se soumettent avec grande docilité aux institutions des législateurs.

Je réponds que c'est précisément ce qu'ont fait la plupart de ceux qui se sont voulu mêler de policer les nations : il ont cru, ou que l'homme était naturellement tel qu'ils l'ont trouvé à la naissance de leurs projets, ou qu'il devait être ce que je prouve qu'il n'est point : ils ont érigé leurs systèmes sur cette théorie; il ne faut pas s'étonner que, passant à la pratique, ils aient trouvé les hommes si peu disposés à se prêter à leurs arrangements, et qu'ils aient été obligés, pour les y contraindre, de faire tant de lois dures et sanguinaires, contre lesquelles la nature ne cesse de se révolter, parce qu'elles en renversent l'ordre, ou ne le rétablissent pas.

Ce que notre critique ajoute que, *dès qu'on veut réaliser les choses, il faut prendre les hommes tels qu'ils sont*, est équivoque. Entend-il *les hommes tels qu'ils sont formés par la nature*, ou bien, *tels qu'ils sont devenus*, *et continuent d'être, depuis plusieurs siècles, chez les nations qui obéissent à des lois?*

État naturel des nations sauvages susceptibles des règles d'un très-sage gouvernement (1).

Si vous prenez les hommes tels qu'ils sont dans l'état de

(1) Pour prévenir une foule de vaines objections qui ne finiraient point, je pose ici pour principe incontestable, *que dans l'ordre mo-*

nature, passons en Amérique; nous y trouverons plusieurs peuplades dont les membres observent très-religieusement, au moins entre eux, les lois précieuses de cette mère commune, en faveur desquelles je réclame de toutes mes forces.

Menons avec nous quelque législateur vraiment sage, qui, travaillant conformément aux dispositions de ces lois divines déjà pratiquées, loin de les contrarier ou de les affaiblir, ne s'applique qu'à étendre leurs conséquences et à tirer de leur sein fécond toutes les maximes qui rendront le peuple sauvage, qu'il entreprendra de polir, le plus doux, le plus humain, le plus sage et le plus heureux de toute la terre.

Il trouvera, à son arrivée, les familles de cette petite

ral, la nature est une, constante, invariable, telle que je l'ai montré plus haut; *que ses lois ne changent point, et que ces lois sont, en général, tout ce qui produit dans les créatures animées des inclinations paisibles, et tout ce qui en détermine les mouvements; et qu'au contraire, tout ce qui éloigne de ces doux penchants, est dénaturé,* c'est-à-dire, *sort de la nature.* Donc tout ce qu'on peut alléguer de la variété des mœurs des peuples sauvages ou policés, ne prouve point que la nature varie; cela montre, tout au plus, que par des accidents qui lui sont étrangers, quelques nations sont sorties de ses règles; d'autres y sont restées soumises, à certains égards, par pure habitude; d'autres, enfin, y sont assujetties par quelques lois raisonnées qui ne contredisent pas toujours cette nature: ainsi, dans certaines contrées, si elle reste inculte et négligée, la férocité prend sa place; dans d'autres, de fâcheuses circonstances ont interrompu ses effets; ailleurs, des erreurs l'offusquent: les nations, et non la nature, se sont corrompues. L'homme quitte le vrai, mais le vrai ne s'anéantit point. Tout ce qu'on peut m'opposer ne fait donc rien à ma thèse générale. *Tout peuple sauvage et autre a pu et peut être ramené aux lois de la pure nature, en conservant exactement ce qu'elle autorise, et rejetant tout ce qu'elle désapprouve.* Ces vérités seront dans peu développées. Je puis donc, dès à présent, les appliquer à tel cas particulier que je voudrai.

société unanimement occupées à pourvoir à leurs besoins communs par la chasse et la pêche. Quand il sera parvenu à se faire écouter par des conseils utiles, comme le font les vieillards et les plus expérimentés de cette nation, il se gardera bien d'employer son crédit à leur persuader de partager entre chaque famille, leurs contrées de chasse et de pêche, crainte de rompre leur concorde. Ce sage leur apprendra seulement, qu'outre ces moyens de subsister, qui peuvent souvent leur manquer, il en est de plus sûrs et de moins pénibles, tels que la culture des terres, l'entretien des troupeaux; il leur fera voir que ce seront autant de nouvelles ressources, de nouvelles commodités qui suppléeront au défaut les unes des autres; il leur enseignera les arts nécessaires à l'exécution de ces projets.

Ce peuple devenu, par ses soins, moins grossier, plus industrieux, en deviendra-t-il plus méchant, moins laborieux? non, sûrement. La concorde et l'union que le réformateur aura trouvé régner entre les familles, le respect pour les vieillards, pour les plus intelligents, les plus adroits, croîtront à proportion, et des succès de l'unanimité, et des connaissances de l'utilité de nouveaux expédients. La déférence de ces Indiens aux conseils des plus prudents, est plus soumise que notre obéissance aux ordres de nos maîtres despotiques. Le point d'honneur qui subsiste encore chez les sauvages voisins de nos colonies, est de ne se croire grand qu'à proportion qu'on est utile à ses compagnons; en un mot, dans ces contrées, on ne devient respectable que par des services (1). Toutes ces véritables vertus, loin de s'affaiblir par les dispositions du

(1) Une personne digne de foi, récemment de retour d'Amérique, m'a fait le récit de quelques traits admirables de l'humanité de ces peuples, soit envers les leurs, soit envers les nôtres; les exemples en sont fréquents, et ils peuvent bien nous nommer sauvages. La même

nouveau législateur, en seront encouragées, et prendront un nouveau lustre, à mesure que la barbarie disparaîtra devant ses lois : au lieu de trouver des *hommes indociles à ses arrangements*, tous y applaudiront; toutes les circonstances se trouveront favorables à ses desseins, pourvu qu'il n'établisse aucun partage, ni des productions de la nature, ni de celle de l'art : il pourra distribuer les travaux, les emplois entre les membres de la société; fixer les temps des diverses occupations générales ou particulières; combiner les secours; calculer les différents degrés d'utilité de telles ou telles professions; marquer ce qu'il est nécessaire que chacune d'elles rapporte en commun à la république pour suffire aux besoins de tous ses membres. Sur tout ceci et sur le nombre des agents, le législateur établira des proportions du travail; il préposera l'âge le plus prudent au maintien de l'ordre et de l'économie, et le plus robuste sera occupé de l'exécution. Enfin, il règlera les rangs de chaque particulier, non sur des dignités chimériques, mais sur l'autorité naturelle qu'acquiert le bienfaiteur, sur celui qui reçoit le bienfait, sur cette autorité douce de la parenté, de l'amitié, de l'expérience, de l'adresse, de l'industrie et de l'activité.

Toutes choses ainsi rangées, qui s'avisera de vouloir dominer où il n'y aura point de propriété qui puisse inspirer l'envie de subjuguer les autres? Il ne peut y avoir de tyrans dans une société où toute autorité consiste précisément à se charger des devoirs et des soins les plus pénibles, sans participer à d'autres soutiens ou agréments de la vie, qu'à ceux qui sont communs au reste des citoyens,

personne me disait que ces nations, quoique nos alliées, méprisent les bizarreries de nos usages, de nos coutumes, de nos mœurs; qu'elles s'éloignent à mesure que nous avançons dans les terres. Ils ont raison; mais quelle innocence le mauvais exemple ne corrompt-il pas?

sans autres avantages, sans autre récompense que l'estime et l'affection de ses égaux.

S'il venait à régner quelque ambition dans cette république, elle ne peut avoir pour objet que cette estime; elle ne peut tendre qu'à une supériorité de mérite vraiment utile aux hommes, qui, pour lors, loin de lui porter envie, se croiraient malheureux, s'ils n'étaient aidés des talents qu'ils admirent et respectent dans quelques-uns des concitoyens.

Cette ambition, je le répète encore, n'aurait et ne pourrait avoir les vues de la nôtre, qui, dans le vrai, ne tend à d'autres fins qu'à celles de l'avarice, quoique par des procédés bien différents.

Si donc il est de fait que notre législation trouverait chez des sauvages, ce que l'on y trouve effectivement, des hommes fort laborieux, capables des plus rudes fatigues, chez lesquels la paresse est une infamie; des hommes qui vivent entre eux avec une espèce de charité, de douceur, qui surpasse infiniment la faible pratique d'une vertu que prêchent inutilement le plus fainéants et les plus impitoyables d'entre nous; je demande si, après cet exemple, il est vrai de dire que ces peuples naissent enclins aux vices dont notre Aristarque fait l'énumération? Serait-il donc plus difficile de cultiver les heureuses dispositions de ces Américains (1), que d'accoutumer un de ces peuples à subir les rigueurs d'une législation, qui tôt ou tard obligerait une partie de la nation à souffrir une chétive médiocrité, ou une indigence assujettie, pour subvenir à ses besoins, à servir l'autre partie de cette nation devenue

(1) Ceux dont je parle, gens industrieux et de bon sens, copient et imitent fort bien tout ce qu'ils nous voient faire d'utile : il n'y a que notre police qu'ils se gardent, autant qu'ils peuvent, d'adopter ; ils détestent notre inégalité de fortune et de condition, et surtout notre avarice ; c'est ce que m'a assuré la personne déjà citée.

fainéante, et enorgueillie par la possession des meilleures contrées de chasse, de pêche, ou de terres cultivées? De quel œil ces peuples verraient-ils quelques-uns de leurs compatriotes, jouissant, dans une odieuse oisiveté, des plus beaux et meilleurs fruits de leurs travaux, ne laisser aux autres qu'un usage précaire de leurs superfluités?

Idée de la politique vulgaire, et courte réfutation de ses maximes.

Ecoutons cependant nos philosophes raisonner là-dessus. Comme, disent-ils, il est moralement impossible que dans aucune société, les biens physiques de cette vie soient, ou demeurent également partagés, il est absolument nécessaire qu'il y ait des riches et des pauvres. Or, quand cette inégalité de fortune est une fois réglée et compensée par de sages lois, il doit en résulter une très-belle harmonie. La *crainte* et l'*espérance* occupent presque également tous les hommes, et les rendent presque également industrieux et actifs. Les riches sont attentifs à conserver des biens qui peuvent, à chaque instant, leur échapper, et dont, dans le vrai, ils ne sont que comme les dépositaires et les gardiens; ces passions excitent et encouragent le pauvre à un travail qui peut le tirer de sa misère : outre la variété presque infinie de bons effets que produisent ces deux mobiles, ils disposent la partie des hommes la moins bien partagée, à l'obéissance et à la soumission qu'exige d'eux, tant leur intérêt particulier que celui de la société : ces deux pivots qui en font l'appui, retiennent ceux dont les besoins semblent croître comme les richesses dans une nécessité de recourir à des secours qui les rendent modérés et bienfaisants. Ainsi deux parties inégales de l'humanité se trouvent, par leur état, dans une mutuelle dépendance qui les égalise, et les porte à agir de concert. Ne poussons point plus loin un raisonnement sur lequel se fonde notre morale vulgaire, et dont elle rend les conséquences familières. Je sapc cette base par un seul mot ; elle porte sur une absurdité qui est la prétendue nécessité de partager ce qui ne devait point l'être. Qu'est-il besoin d'aller chercher la dépendance des hommes les uns des autres, et la réciprocité des secours, dans un expédient aussi pernicieux que l'inégalité de fortune, tandis que la nature en offrait tant d'autres si simples et si merveilleux.

Combien les maximes de la politique vulgaire révoltent le bon sens.

Voyons un peu comment serait reçue la harangue d'un de nos savants européens, qui dirait à quelqu'un des peuples américains dont nous venons de parler : « Mes amis, « je loue et admire l'humanité avec laquelle vous vous « entr'aidez, le zèle infatigable avec lequel vous travaillez « en commun à pourvoir à vos besoins communs ; mais, « croyez-moi, vous possédez de vastes contrées que personne ne vous dispute ; défrichez ces déserts ; le fonds « en doit être fertile : puis partagez entre vous ces campagnes : cependant observez une chose : il ne faut pas « que les parts soient égales, ni même que tous en aient ; « car alors, chacun travaillant sur le sien, et pouvant subsister du produit de son fonds, personne ne voudrait « plus aider son voisin : d'ailleurs, les successions, les « alliances, l'accroissement du nombre des familles, « occasionneraient bientôt de nouveaux partages qui « détruiraient l'égalité des premiers. Il faut donc, dans « cette distribution des terres, garder certaines pro-

« portions ; quelques citoyens auront plus que les autres : « ce corps sera le premier de la république, et comme le « dépositaire de ses richesses ; vous en tirerez vos chefs et « les personnes de qui vous suivrez les conseils ; ils déci- « deront vos différends : c'est en faveur de ces services « qu'il est à propos qu'ils soient un peu plus à leur aise « que les autres. Le reste du peuple sera divisé en plu- « sieurs classes, dont les possessions iront en diminuant, « jusqu'à la dernière, qui sera composée de gens vivant « de leur travail, d'artisans de toute espèce, sur lesquels, « au moyen d'une récompense journalière, le reste des « citoyens se reposera de tous travaux pénibles ; ainsi ces « gens seront comme les bras de la société. »

Notre moderne Solon, pour appuyer sa harangue, n'oublierait pas l'apologue (1) de *Ménénius ;* de semblables récits ont beaucoup de pouvoir sur des esprits grossiers ; ensuite il s'étendroit sur les moyens de maintenir cet ordre, et pour le présent, et pour l'avenir ; et après avoir raisonné sur toutes ces choses, notre faiseur de projets politiques conclurait par s'applaudir de la beauté de l'invention.

« Insensé que tu es, lui répondrait quelque vieux sau- « vage, tu nous donnes là de beaux conseils : tu admires, « dis-tu, la concorde qui règne entre nous, et tu t'efforces « de nous persuader tout ce qu'il faut pour la détruire : tu « trouves notre façon de vivre trop grossière et trop péni- « ble ; tu nous proposes la culture des terres pour nous « mieux assurer l'abondance. Cet avis est fort bon ; mais « tu le gâtes par tes partages. Tu prétends nous faire goû- « ter les avantages d'une société bien réglée, et tu nous

(1) La fable de la révolte des membres du corps contre l'estomac ; exemple mémorable des insignes absurdités que nous vantent les moralistes.

« fournis les vrais moyens de ne nous accorder jamais ; « tu veux qu'une partie de nos gens s'occupent à main- « tenir une paix, une concorde que tu cherches à rompre; « ainsi donc nos vieillards, nos pères n'emploieront plus « leurs soins, leur prudence qu'à terminer des querelles. « Une partie de nos frères, de nos amis seront eux et leurs « descendants, contraints de vivre malheureux, et de voir « d'un œil tranquille des paresseux insolents jouir des « fruits de leurs travaux. Ce que tu nous racontes d'un « peuple qui s'était séparé de pareils lâches, et qui se laissa « ramener par un discours à peu près semblable au tien, « est une impertinence, ainsi que la comparaison dont se « servit celui qui apaisa ces mécontents. Les membres de « notre corps partagent, à la vérité, le travail ; chacun « exerce la fonction à laquelle il est destiné ; mais tous « jouissent en commun de ce qui fait le soutien de la vie. « L'estomac, comme les chefs de cette nation dont tu « parles, ne s'approprie rien de ce que les membres lui « fournissent ; il ne les laisse point languir ; au contraire, « il leur distribue les aliments dont il n'est que le réser- « voir commun : voilà ce que devaient répondre ces « bonnes gens au sot discoureur dont tu nous rapportes « la fable. Mais qu'arriverait-il encore si nous t'écoutions ? « Celui qui se trouverait aujourd'hui plus à son aise qu'un « autre se verrait bientôt supplanté par celui qui ferait « des efforts pour se mettre en sa place, et serait peut- « être réduit, à son tour, lui ou ses enfants, à périr de « misère.

« Nous faisons la guerre, nous arrachons la chevelure, « nous brûlons, nous mangeons nos ennemis, c'est-à-dire, « les familles, qui, séparées des nôtres, s'assemblent pour « nous disputer la chasse ou la pêche ; et tu veux faire en « sorte que nos propres familles en fassent autant entre « elles.

« Si nous épargnons quelques-uns de nos prisonniers ; « si nous les adoptons pour remplacer nos morts, alors, « loin de souffrir qu'ils prennent part à nos travaux, nous « les nourrissons comme nos femmes et nos enfants, sans « rien faire, et tu voudrais assujettir une partie de notre « nation à cette déshonorante servitude, et faire qu'elle « commandât à nos vaillants et laborieux chasseurs. Va, « tu as perdu le sens. »

Je prévois ce qu'on opposera au parallèle que je viens de faire des institutions vicieuses de notre politique vulgaire, et des sages règlements qui ne seraient que de justes applications des lois de la nature, et qui n'imiteraient que ce qu'elle opère pour rendre les hommes vraiment sociables.

Objections contre la possibilité de notre système chez des nations qui n'auraient point encore reçu de lois.

Si vous trouvez, dira-t-on, dans quelques pays, des hommes véritablement disposés à obéir aux impressions de ces lois ; des hommes tels que vous les désirez pour en faire les citoyens de votre république, nous les excepterons avec vous de la règle générale, qui ne vous permettra pas de conclure que la nature les ait pareillement disposés par toute la terre.

Nous dirons encore, 1° qu'il n'est pas bien sûr que ces peuples dociles naissent avec les qualités que vous leur trouvez ; puisque, comme l'a très-sagement observé l'auteur de l'*Esprit des lois*, la rigueur du climat donne aux peuples septentrionaux de l'Amérique une constitution forte et vigoureuse, qui contribue, ainsi que la stérilité des contrées qu'ils habitent, à les rendre actifs et laborieux.

2° La nécessité de pourvoir à des besoins urgents, unit aisément quelques familles, qui forment séparément plusieurs petites peuplades.

3° Quand on vous accorderait que votre police peut devenir praticable parmi ces peuples, ce ne serait qu'en conséquence de quelques circonstances qui ne se trouvent point ailleurs. Dans les pays chauds, par exemple, où, selon le rapport de nos voyageurs, les peuples sont extrêmement indolents et paresseux; où le courage et la force, transplantés, s'énervent et s'affaiblissent; où chaque homme ne semble vivre que pour soi, sans se soucier des autres; chez la plupart des sauvages africains les moins féroces, on écouterait fort peu vos leçons.

4° Quoi que vous en disiez, l'expérience prouve que partout le monde l'homme est, en général, naturellement porté à l'oisiveté et au repos; qu'il cherche toujours à se le procurer aux dépens d'un autre; et que cette inclination, quoique çà et là plus ou moins forte, le rend presque sourd aux propositions les plus raisonnables.

Enfin, quelque apparence de vérité qu'ait votre système, il pèche essentiellement, en ce qu'aucun peuple policé ne s'est jamais soumis à rien de pareil aux constitutions fondamentales de votre politique.

De toutes ces observations on doit conclure qu'il faut bien de plus fortes machines que celles que vous prétendez employer, pour rapprocher les hommes et les porter à se secourir mutuellement : si les vôtres suffisent en certains cas, elles ne seront ni partout ni toujours assez puissantes.

Réponses, ou nouvelles preuves des succès qu'auraient des lois fondées sur la nature, chez des nations exemptes de nos préjugés.

Je répliquerai aux préliminaires de ces objections, que les moyens de sociabilité que je propose sont d'autant plus sûrs, qu'ils ne sont, comme je l'ai prouvé, sujets à presque aucun des inconvénients qui traversent les succès, ou affaiblissent le pouvoir des moyens violents de la politique ordinaire; j'ajouterai ici que nos institutions étant soutenues de plus de considérations et de motifs encourageants, pourront infiniment sur des nations supposées exemptes des préjugés qui naissent de l'esprit, vraiment *indocile* et *paresseux*, de *propriété* et *d'intérêt particulier;* esprit qui ne peut devenir sociable que par crainte.

Si, indépendamment de tout ceci, il n'est point de situation où l'homme soit toujours également disposé à déférer sans répugnance aux conseils, aux remontrances les plus raisonnables, notre hypothèse n'exclut point alors une autorité sévère qui dompte ces premiers dégoûts, et qui oblige une première fois à des devoirs que l'exercice rend faciles, et que l'évidence de leur utilité fait aimer ensuite.

J'ai déjà dit que nos lois seraient telles qu'elles n'auraient qu'un seul vice à réprimer, l'*oisiveté*, et que leurs dispositions, prévenant tout autre mal, seraient telles qu'elles ôteraient encore au citoyen tout prétexte de se dispenser de travailler au bien commun de la société.

Pour résoudre plus particulièrement ce qu'on allègue, que les peuples sauvages des pays chauds, plus faibles et plus enclins à l'oisiveté, se prêteraient moins à mes arrangements politiques que d'autres, je dis que ces peuples étant en même temps ou plus abondamment pourvus des choses nécessaires à la vie, ou plus sobres, embrasseraient volontiers une forme de gouvernement qui, partageant avec certaines proportions les travaux de la société entre ses membres, en diminue considérablement le poids. Bref, un système qui favorise par tant d'endroits le repos et la tranquillité des hommes, ne pourrait-il pas, au moyen de quelques légères modifications, convenir à toutes nations, ou naissantes, ou encore dans l'état de pure nature, quelque variés que soient leurs caractères?

L'inclination même de l'homme pour le repos est le principe de l'activité.

Si l'on insiste encore sur ce que par toute la terre les hommes sont naturellement enclins à l'oisiveté et à la paresse, il faut expliquer ce qu'est ce penchant dans son origine. Cet amour du repos et de la tranquillité, est dans la créature raisonnable une tendance vers un point fixe de bien-être; mais ce point d'appui changeant lui-même, et variant comme le période de nos affections naturelles, dans un certain cercle d'objets, oblige aussi l'homme à changer de posture : la même situation de repos deviendrait importune; il faut faire effort pour en prendre une autre; souvent notre impuissance arrête ou retarde l'effort que nous faisons pour nous placer dans une nouvelle assiette : avis de recourir à des secours; avis de rechercher qui peut en donner; avis de mériter ces secours; avis de contribuer pour sa part au soulagement des autres, en agissant pour le sien propre; avis de partager le travail pour le rendre moins pénible; avis enfin qui peuvent être fortifiés, comme je l'ai dit, par l'autorité des lois conformes à leur sagesse (1).

(1) Le besoin que nous éprouvons tous avec plus ou moins d'in-

Véritable cause de la paresse.

Si quelque chose est venu corrompre ces avis salutaires, ce sont précisément quelques institutions arbitraires qui prétendent fixer, pour quelques hommes seulement, un état permanent de repos que l'on nomme *prospérité, fortune*, et laisser aux autres le travail et la peine : ces distinctions ont jeté les uns dans l'oisiveté et la mollesse, et inspiré aux autres du dégoût et de l'aversion pour des devoirs forcés : en un mot, le vice que l'on nomme *paresse*, ainsi que nos passions fougueuses, tire son origine d'une infinité de préjugés, enfants très-légitimes de la mauvaise constitution de la plupart de nos sociétés que la nature répudie.

Il est si vrai que l'homme est une créature faite pour agir, et pour agir utilement, si rien ne la détournait de son véritable emploi, que nous voyons cette espèce d'hommes que l'on nomme riches et puissants, chercher le tumulte fatigant des plaisirs pour se délivrer d'une oisiveté importune.

tensité de *changer de travaux et de plaisirs* est, dans la théorie *passionnelle* de Ch. Fourier, un des mobiles *primordiaux* de la nature humaine; Morelly, qui ramène tout à un principe unique, regarde ce *besoin de changement* comme le résultat de la fatigue alternative de nos facultés et de nos organes, et non comme le but direct de nos désirs. Suivant l'auteur du *Code*, on ne se propose pas d'être inconstant, mais on le devient, parce que, fatiguée d'un objet, l'âme reporte toute son activité vers le nouveau qui *l'attire*. Il s'ensuivrait que la *constance* serait en général proportionnée à la force de l'organisation. L'expérience semble confirmer l'opinion de Morelly, mais ne donnons pas trop d'importance à l'explication métaphysique d'un fait qui devient surtout intéressant par les conséquences pratiques que Morelly et Fourier en ont su tirer. — V.

L'homme n'est donc pas naturellement paresseux, mais l'est devenu, ou, ce qui est la même chose, il a contracté de l'aversion pour toute occupation vraiment utile.

Quittons maintenant les contrées sauvages de l'Amérique, repassons chez les nations policées de notre continent : c'est là que j'avouerai que l'on trouve effectivement des hommes paresseux, indociles et fougueux, tels que les peint notre savant journaliste : j'avouerai encore que près d'eux notre système aurait très-peu de crédit, puisqu'il faut que je fasse tant d'efforts pour en établir l'évidence aux yeux de la simple raison ; mais comme j'ai prouvé qu'aucune nation ne tient de la nature ni cette indocilité ni tout autre vice, je vais prouver historiquement, en remontant à l'origine des choses, par quels degrés ces maux se sont accrus, et ce qu'auraient dû faire les premiers législateurs pour les prévenir : on comprendra en même temps ce qu'on achève de m'objecter, pourquoi, quelque sûrs et évidents que soient mes principes, aucun sage, aucun peuple de la terre ne s'est jamais avisé d'en faire usage.

Digression sur les répétitions obstinées de quantité d'objections frivoles.

Mais auparavant, le lecteur me permettra de l'arrêter sur quelques réflexions qui ne sont pas absolument de mon sujet. Que d'efforts, dira-t-il, pour prouver l'évidence ! J'avoue qu'ils seraient inutiles, s'il ne fallait en écarter une foule d'opinions politiques et morales, qui obscurcissent la vérité ; leurs fréquentes attaques, presque toujours conduites à peu près de même, obligent à de fréquentes redites. Telles sont l'obstination et la ténacité de certaines erreurs invétérées, que si on en épargne la moindre racine, le tronc en subsiste sur le pied ; si l'on néglige de frapper le moindre coup, il semble aux esprits prévenus que quelque difficulté invincible arrête vos efforts. Ne voit-on pas tous les jours, dans les disputes de religion ou de philosophie, des objections mille fois anéanties, mille fois revenir à la charge sous une forme nouvelle ? Si vous manquez au moindre petit développement d'une vérité, si vous prévenez trop implicitement une objection, l'imposture ou l'entêtement en profitent aux yeux du public ignorant ; ils érigent un trophée des chétifs lambeaux que vous leur laissez : leurs folles opinions mille fois terrassées, si vous oubliez de leur donner le dernier coup, ils les relèvent comme saines et entières, et le crient aux oreilles de tout le monde.

Voyez, par exemple, ces prétendus démonstrateurs de la religion, qui la déshonorent par la faiblesse ou le ridicule de leurs preuves ; ne connaissant, pour la plupart, ni ce qu'ils défendent, ni le fond des opinions qu'ils attaquent, ils s'en forgent, ils en publient des idées ordinairement favorables aux desseins qu'ils ont de paraître victorieux. Je loue leur zèle ; mais leur sotte présomption, leur ignorance ou leur mauvaise foi, sont-elles excusables aux yeux du sage ? Qu'on me pardonne cette digression, je reviens à mon sujet.

Véritable origine des nations, et causes de la corruption des sentiments de sociabilité.

Cherchons la cause physique de la corruption des nations. Je dis que nous ne la trouverons point dans leur origine. Tout peuple, quelque nombreux qu'il soit devenu, quelque vaste pays qu'il occupe, doit son commencement à une seule ou à plusieurs familles associées. On ne peut regarder comme véritable origine d'un peuple une assemblée qu'on imaginerait fortuitement formée de plusieurs hommes épars çà et là : cette réunion serait simplement *l'origine de leur société* : on ne peut pas non plus appeler *origine des nations* les établissements faits par des transmigrations ou par des conquêtes : tous ces changements accidentels sont précisément des effets de la corruption de l'état primitif des peuples, et ces événements sont, à leur tour, devenus autant de nouvelles causes des plus grands désordres.

Puisqu'il est constant que toute nation doit ses commencements à une ou à plusieurs familles, elle a dû, au moins pendant quelque temps, conserver la forme du *gouvernement paternel*, et n'obéir qu'aux lois d'un sentiment d'affection et de tendresse que l'exemple du chef excite et fomente entre des frères et des proches; douce autorité qui leur rend tous biens communs, et ne s'attribue elle-même la propriété de rien.

Ainsi chaque peuple de la terre, au moins à sa naissance et dans son pays natal, a été gouverné comme nous voyons que le sont de nos jours les petites peuplades de l'Amérique, et comme on dit que se gouvernaient les anciens Scythes, qui ont été comme la pépinière des autres nations. Mais à mesure que ces peuples se sont accrus comme le nombre des familles, les sentiments d'union fraternelle se sont affaiblis comme l'autorité des pères, alors trop partagée.

Celles de ces nations qui, par quelques causes particulières, sont restées les moins nombreuses, et sont plus longtemps demeurées dans leur patrie, ont le plus constamment conservé leur première forme de gouvernement toute simple et toute naturelle : celles même qui se sont considérablement accrues, sans changer de demeure, ont dû conserver une forme de gouvernement qui tenait toujours du paternel, malgré l'affaiblissement des sentiments qui semblent ne pouvoir régner avec empire qu'entre un petit nombre de personnes presque toutes parentes.

Les nations qui, trop resserrées dans leur pays, se sont vues obligées de transmigrer, ont encore été forcées, par les circonstances et les embarras d'un voyage, ou par la situation et la nature du pays où elles sont venues s'établir, de prendre des arrangements qui devaient déroger aux constitutions du gouvernement paternel, nouvelle atteinte aux sentiments qui en font la base.

J'aperçois donc trois causes physiques de l'affaiblissement de l'empire paternel.

La première est la multiplication des familles, entre lesquelles ce que je nommerai *affection de consanguinité* diminue, ainsi que l'*esprit de communauté*, à proportion de leur nombre.

La seconde cause, sont les transmigrations qui obligent chaque famille à rompre la communauté, parce que chacun se charge d'une part du bagage et des provisions.

La troisième, enfin, naît de l'embarras et des difficultés d'un nouvel établissement.

Dans ces causes, qui ont affaibli ou éteint *l'affection de consanguinité*, et rompu presque toute *communauté*, je trouve la source des différends qui pouvaient s'élever, soit entre les particuliers ou les familles, soit entre des nations entières, et par conséquent l'origine funeste de toute dissension civile, de la guerre et du brigandage. Chaque peuplade venant à se diviser et à s'éloigner l'une de l'autre, le temps, la distance des lieux, la différence de langage et de mœurs, ont dû presque totalement détruire toute idée de consanguinité entre des nations sorties d'un même pays, et pour ainsi dire d'une seule race;

lors donc qu'elles se sont rencontrées en d'autres climats, ne se regardant déjà plus que comme des êtres animés, d'une espèce différente, la moindre contestation, la moindre querelle a dû facilement les porter à s'entre-détruire presque sans répugnance et sans horreur.

Les législateurs n'ont corrigé aucun désordre.

C'est donc en conséquence de toutes les discordes qui ont suivi l'affaiblissement ou l'extinction de toute affection de consanguinité, de quelque manière que ces troubles soient arrivés, que les peuples, las de cet état violent, ont consenti à se soumettre à des lois; mais la plupart, ou pour mieux dire tous ceux auxquels ils s'en sont rapportés, soit pour régler des coutumes introduites, soit pour faire de nouveaux établissements, loin de corriger des abus, loin d'abolir des usages vicieux et les préjugés qui les autorisaient, loin de chercher les moyens de rapprocher et faire revivre les premières constitutions de la nature, prenant, pour avoir plus tôt fait, les choses et les personnes telles qu'ils les trouvaient, ces réformateurs, ces fondateurs de républiques, n'ont fait qu'appliquer çà et là quelques contrepoids, quelque étançon qui pût tellement quellement soutenir la sociabilité prête à se dissoudre.

Ainsi, comme, en remontant à l'origine et aux causes physiques de l'affaiblissement des *sentiments de consanguinité*, j'ai découvert la naissance de tout désordre, de même, en remontant à *l'origine de toutes sociétés*, c'est-à-dire aux établissements qui leur ont donné quelque forme, on trouvera que les lois qui n'ont apporté que des remèdes palliatifs aux maux de l'humanité peuvent être regardées comme causes premières des suites fâcheuses de leur mauvaise cure : on peut aussi les accuser d'être causes secondes des maux que leur imprudence a fomentés ou manqué de prévenir. Souvent ceux qui les ont faites, ont adopté comme bons de véritables abus, et ont travaillé pour ainsi dire à perfectionner, à régler l'imperfection elle-même, et les choses les plus répugnantes au bon ordre.

Pourquoi les lois devaient être faites.

Les lois d'institution ne devraient être faites que pour rappeler et remettre en vigueur la première loi naturelle de sociabilité ; elles devraient tirer toutes leurs dispositions particulières de cette loi générale, faire servir ces conséquences à l'étendre et à l'expliquer, prévoir et prévenir les cas qui pouvaient donner atteinte à son autorité, ou tendre à éluder ses intentions. Point du tout, ces lois factices et momentanées ont commencé par directement contredire celle qui devait être éternelle, et de laquelle elles devaient emprunter toutes leurs forces : aussi ne faut-il pas s'étonner de leur instabilité, de leur embarras, de leur multitude.

C'est ce chaos qu'a si savamment parcouru le savant auteur de *l'Esprit des Lois*, esprit dont il a fait connaître l'inconstance, en faisant l'histoire et l'analyse de ces lois versatiles. Tel a été son objet ; le mien, dans cette dissertation, est de faire voir précisément pourquoi les lois humaines sont par elles-mêmes si sujettes à de fréquents changements et à mille inconvénients dangereux.

Ces lois, je ne cesse de le répéter, et on ne saurait trop le redire, en établissant un partage monstrueux des productions de la nature et des éléments même, en divisant ce qui devait rester dans son entier ou y être remis si quelque accident l'avait divisé, ont aidé et favorisé la ruine de toute sociabilité. Sans altérer, dis-je, la totalité des choses immobiles, elles devaient ne s'attacher qu'à régler non la propriété, mais l'usage et la distribution de celles qui ne sont point stables : il ne fallait pour cela que partager les emplois, les secours mutuels des membres d'une société : s'il devait régner quelque inégalité harmonique entre des concitoyens, c'était de l'examen des forces de chaque partie de ce tout qu'il fallait déduire ces proportions, mais sans toucher à la base qui porte le corps de la machine. C'est une maxime de prudence économique, qu'un homme riche en fonds ne doit projeter que sur l'emploi de ses revenus.

Vrai medium de toute démonstration politique ou morale, et cause première de tout désordre.

C'est sur l'évidence des principes que je viens de m'efforcer de dégager comme d'un tas de ruines, que j'ose ici conclure qu'il est presque mathématiquement démontré que tout partage, égal ou inégal, de biens, toute *propriété* particulière de ces portions, sont dans toute société ce qu'Horace appelle *summi materiam mali*. Tous phénomènes politiques ou moraux sont des effets de cette cause pernicieuse ; c'est par elle qu'on peut expliquer et résoudre tous *théorèmes* ou *problèmes* sur l'origine et les progrès, l'enchaînement, l'affinité des vertus ou des vices, des désordres et des crimes, sur les vrais motifs des actions bonnes ou mauvaises, sur toutes les déterminations ou les perplexités de la volonté humaine, sur la dépravation des passions, sur l'inefficacité, l'impuissance des préceptes et des lois pour les contenir ; sur les défauts même *techniques* de ces leçons, enfin sur toutes les monstrueuses productions des égarements de l'esprit et du cœur. La raison, dis-je, de tous ces effets peut se tirer de l'obstination générale des législateurs à rompre ou laisser rompre le premier lien de toute sociabilité, par des possessions usurpées sur le fonds qui devait indivisiblement appartenir à l'humanité entière.

Combien il était facile aux premiers législateurs de reconnaître les intentions de la nature, et d'y conformer leurs institutions.

Mais, répliquera-t-on, était-il bien possible que les premiers législateurs de notre continent poliçassent les peuples, comme vous prétendez qu'ils auraient dû le faire? et quand ils l'auraient pu, leurs lois, leurs institutions n'auraient-elles pas été aussi sujettes à la corruption et aux changements qu'elles le sont?

Je réponds premièrement que la plupart des peuples qui, de notre connaissance, se sont les premiers soumis à des lois, n'étaient point dans ces temps aussi nombreux qu'ils le sont devenus : ainsi, selon l'objection même que vous m'avez faite ci-devant, c'est là précisément ce qui a facilité les législations et ce qui en aurait favorisé de meilleures; de plus, ces peuples indigènes (1) ou colons devaient être à peu près ce que sont, depuis un grand nombre de siècles, les nations de l'Amérique septentrionale : il était donc facile à leurs sages d'établir leurs lois sur les vrais fondements de la nature; ils étaient alors presque à nu et sans rupture, ces solides fondements qu'il faut aujourd'hui creuser avec tant de peine; quand ils

(1) On entend ici par peuple *indigène*, celui qui habite un pays depuis un temps immémorial; et par *colon*, celui qui s'y établit par colonie.

les ont trouvés quelque part altérés par les accidents qui pouvaient faire languir les affections sociables, ils devaient travailler à les rétablir, en faisant revivre ces affections. Exacts observateurs de ce que dictent ces sentiments, commentateurs conséquents de leurs premières lois, ils pouvaient les étendre, mais en conserver le texte dans toute sa pureté.

On demandera encore si ces législateurs, en suivant pas à pas les intentions de la nature, n'auraient pas, malgré la docilité des peuples, rencontré des difficultés de détail dans les applications particulières de leurs lois à la distribution des diverses occupations, aux moyens de pourvoir suffisamment aux besoins publics et particuliers, et à ceux de faire également subsister, sans confusion, sans discorde, une multitude de citoyens, difficulté dont la moindre a souvent fait échouer les plus beaux projets.

Je dirai que tout cela aurait été une simple affaire de dénombrement de *choses* et de *personnes*, une simple opération de calcul et de combinaison, et par conséquent susceptible d'un très-bel ordre. Nos faiseurs de projets, anciens et modernes, ont conçu et exécuté des desseins incomparablement plus difficiles, puisque, outre les accidents imprévus, ils avaient contre eux la raison de la nature, et les obstacles sans nombre qui naissent de l'erreur, et dont elle s'embarrasse elle-même. Enfin, si l'on doit s'étonner, c'est que ces imprudents aient réussi en quelque chose.

Combien des lois plus parfaites que les nôtres auraient eu de pouvoir.

Je demanderai à mon tour si les lois des Solon, des Lycurgue, celles des Crétois, des Indiens, des Perses, des Chaldéens, des Égyptiens, etc., toutes défectueuses et imparfaites qu'elles étaient, ont subsisté si longtemps dans leur entier; si ensuite, fondues et compilées, elles sont dévenues universelles; si on peut dire que les Grecs ont subjugué les Romains par leurs lois, comme ceux-ci ont soumis par la force des armes les autres nations; si ces mêmes Romains ont vu les Barbares mêmes qui inondaient et dépeçaient l'empire, adopter leurs lois; si presque l'Europe entière leur obéit aujourd'hui, quelle eût été la durée et la stabilité de celles qui auraient infailliblement prévenu les funestes et sanglantes révolutions arrivées dans ce monde?

Des lois paisibles qui auraient, de plus en plus, resserré les liens de la société chez un peuple humain, bienfaisant, auraient été un puissant exemple pour une autre nation; ces sages institutions auraient, de proche en proche, étendu leur douce autorité par toute la terre; elles auraient fait tomber les armes des mains des peuples les plus féroces; et c'est précisément parce qu'elles ont été négligées dès les premiers temps, qu'elles paraissent à présent impraticables; mais cela peut-il excuser la fausseté des principes sur lesquels sont bâtis notre *Droit civil* et notre *Droit des gens ?*

Fausseté des principes du droit civil et du droit des gens.

Quand je parle de la fausseté des principes de nos deux *Codes*, j'entends qu'ils supposent toujours une perversité naturelle qui n'est point dans l'homme. Le premier de ces principes : *Ne fais point à un autre ce que tu ne voudrais pas qu'il te fît*, admet comme constant et ordinaire que les hommes peuvent sérieusement penser à se nuire; ce qui n'arriverait jamais, si les lois même ne les exposaient souvent à cette dure nécessité, et si celles de la nature eussent été exactement observées : celle-ci ne prescrit rien sur ce qu'elle prétend laisser ignorer; elle ne dit pas : *Ne nuis point*, elle préserve de ce danger ; mais *fais tout le bien que tu voudrais éprouver toi-même.*

Votre premier principe de droit n'est donc que conditionnellement vrai, et son observation très-contingemment et en quelque sorte très-fortuitement nécessaire.

Posez le *tien* et le *mien*, qui devaient être un sujet infaillible de discorde, il fallait établir que, quelque inégalité qu'il y eût dans ce partage, il ne serait pas loisible à celui qui aurait moins de troubler celui qui aurait plus; il fallait engager le moins heureux, et l'infortuné même, à se soumettre aux décisions des lois humaines, par cette considération fort peu consolante : *Si tu te trouvais le premier en possession des mêmes avantages, souffrirais-tu qu'un autre t'en privât?* Voilà le véritable sens de votre première maxime d'équité. Mais de quoi les hommes s'aviseraient-ils de se priver, dans une parfaite égalité de jouissance des choses nécessaires à la vie? Cette égalité n'exclut-elle pas toute idée, toute envie de nuire?

Toutes les conséquences de votre premier axiome portent à faux comme lui. Il est permis, par exemple, de repousser la force par la force. Je demande qui a induit les hommes à en venir à ces cruelles extrémités. Deux nations acharnées à s'entre-dévorer, usent très-bien de cette permission; elles se trouvent enfin forcées de suspendre leur rage pour entrer en pourparler; elles observent un instant votre premier conseil, *alteri ne feceris*, etc. Mais prévenez les causes de toute guerre, à quoi servent les lois de la trêve?

Quoi! dira-t-on, n'a-t-il pas toujours été presque impossible d'établir une si parfaite concorde entre les hommes qu'ils ne cherchassent jamais à se nuire? Il fallait donc une leçon qui leur fît sentir combien cela était déraisonnable. D'accord, mais il fallait faire en sorte que cela n'arrivât que fort rarement, et le moins grièvement qu'il est possible, en écartant absolument tout sujet et tout prétexte d'offense, en empêchant que jamais les choses d'où dépendent notre bien-être et notre conservation ne devinssent une proie que plusieurs contendants se disputent, et que le plus fort leur enlève : ces sages précautions eussent réduit tous les petits différends qui auraient pu naître à de légères émotions, à de légères inégalités d'humeur, telles qu'on en voit s'élever entre gens qu'unissent la familiarité, l'amitié ou le sang, sans que ces querelles passagères les portent à une entière rupture. Alors l'injonction positive de faire autant de bien qu'on en veut éprouver soi-même aurait facilement réprimé ces faibles brouilleries, et il n'aurait pas été besoin de fabriquer des codes sur une inutile négative.

L'esprit du christianisme rapprochait les hommes des lois de la nature.

C'était précisément cette faible négative, *alteri ne feceris*, etc., que les premiers chrétiens opposaient pour toute défense à leurs persécuteurs : ils n'en avaient pas besoin, ni entre eux, ni envers leurs plus cruels ennemis ; ils étaient trop éloignés de toute violence. Quelques-uns de leurs principaux dogmes leur faisaient sentir l'égalité naturelle de tous les hommes ; ils ôtaient au maître toute la rigueur de son autorité, adoucissaient l'esclavage, en rendaient la soumission volontaire : leurs préceptes, ne permettant qu'un usage passager des biens de cette vie, recommandaient aux riches de se détacher de leur possession, et de les répandre dans le sein des pauvres. La douceur, la modération, une humble modestie, la patience, ne leur étaient pas moins fortement enjointes envers tous les hommes. Ces vrais humains étaient encouragés à remplir ces devoirs par des promesses de récompenses infinies; des menaces terribles les empêchaient de s'en écarter : aussi, dans les premiers temps, les sectateurs de cette belle morale l'observaient-ils avec une exactitude admirable : leurs repas communs, dans lesquels les riches pourvoyaient abondamment aux nécessités du pauvre, avec lequel ils s'asseyaient à la même table; des sommes immenses mises en dépôt entre les mains des pasteurs, par ceux qui, se dépouillant de leurs biens, se mettaient eux-mêmes au rang des mendiants; toute cette conduite tendait visiblement à rappeler chez les hommes les vraies lois de la nature. Ainsi le christianisme, à ne le considérer que comme institution humaine, était la plus parfaite. Les persécutions soutinrent l'héroïsme de ceux qui l'embrassèrent; leur constance, la pureté de leurs mœurs, leur firent plus de prosélytes, persuadèrent mieux que leurs dogmes mystérieux. La crainte de céder aux tourments peupla les déserts d'habitants qui vivaient du fruit commun de leurs travaux, et qui seraient devenus des peuples nombreux, s'ils ne se fussent fait un mérite de ne point laisser de postérité qui pût hériter de leur vertu.

4 Pourquoi l'esprit du christianisme ne s'est point soutenu.

Mais ce même christianisme avait des maximes, des pratiques, qui tôt ou tard devaient faire languir celles de sa morale. La vie même la plus détachée des affections terrestres, pour se livrer à la contemplation, devait dégénérer en inaction pour la société, et servir souvent de prétexte à la paresse : c'est ce qui arriva effectivement. Le christianisme victorieux fit tomber les idoles; mais il défendit mieux ses mystères que sa morale; celle-ci, pour ménager ceux-là, n'osa combattre les préjugés, les usages, les lois civiles, contraires aux intentions de la nature, avec autant de force qu'elle avait attaqué le paganisme. Cette morale se conforma aux institutions politiques dans tout ce qui n'était point contraire aux sublimes spéculations sur lesquelles elle s'appuyait. Il fallait donc qu'elle prît une teinture des abus qu'elle n'avait pas eu le pouvoir de réformer, parce que, malgré la force des plus beaux exemples, la puissance législative lui manquait. Ces exemples convertirent insensiblement les nations, sans changer leur police ni leurs mœurs, c'est-à-dire que le monde se crut chrétien, parce qu'il n'adorait plus le marbre ni le bronze, et parce qu'il observait toutes les cérémonies de ce nouveau culte. Cette religion même, toute spirituelle, cédant à la faiblesse du vulgaire grossier, sanctifia quelques-unes de ses anciennes superstitions, toléra chez des peuples barbares des pratiques encore plus absurdes; les cérémonies multipliées ne firent que distraire les hommes du principal objet de ce culte; l'accessoire prit la place du fond de la religion; le commun crut en remplir tous les devoirs, quand, à certains jours, à certaines heures, il eut payé de sa présence au spectacle de ces démonstrations, dont la pompe éveilla ou fit naître la vanité, l'orgueil, chez ceux qui en étaient les principaux acteurs. L'homme est ainsi bâti : il se croit grand, respectable, important, quand il se voit décoré; c'est le mulet chargé de reliques; une religieuse magnificence se changea bientôt en luxe, en faste, chez les ministres. Une dévote affluence fut pour eux une espèce de cour; et, parmi le vulgaire, les plus assidus se crurent les plus parfaits.

Que devint donc cette véritable affection de consanguinité, cette première loi de nature qui semblait devoir changer la face des nations ? Il fallait que, faute de mesures politiques, faute de sages arrangements qui pussent donner une forme stable à sa régie, cette charité si vantée se vît supplanter par mille momeries, et que, grossièrement associée à la propriété et à l'intérêt, elle en contractât les vices, ou plutôt ne fût plus qu'un vain nom attribué aux fastueuses et passagères libéralités du riche, qui, sans améliorer le sort de l'indigent, ne firent qu'entretenir sa fainéantise. On vit alors le ministre des autels s'approprier, comme salaire de ses vœux corrompus, l'héritage du pauvre ; on vit ces prétendus médiateurs entre Dieu et l'homme marchander avec le stupide opulent, au moment du trépas, la rançon de ses injustices ; on vit le pontife orgueilleux transformer les remontrances de la correction fraternelle en une insolente domination, masquée des apparences d'un zèle apostolique (1) ; le vulgaire, enfin, en changeant de superstition, resta ce que la politique ordinaire et l'imposture avaient intérêt qu'il continuât d'être.

Esprit monacal entièrement opposé aux lois de la nature.

Qu'on ne me dise pas que le véritable esprit du christianisme, cette communauté des biens de la nature, cette

(1) A qui peut-on justement appliquer, de nos jours, les sanglants reproches que Jésus-Christ faisait aux Pharisiens ?

Reliquistis quæ graviora sunt legis... comedistis domos viduarum... intus estis pleni rapinæ et immunditiarum... Opera sua faciunt ut videantur ab hominibus ; dilatant philacteria sua, et magnificant fymbrias ; amant primos recubitus, primas cathedras... salutationes in foro, et vocari ab hominibus Rabbi... Alligant onera graviora et importabilia, et imponunt in humeros hominum ; digito enim suo nolunt movere. Matth. cap. 23.

réciprocité de secours, cette égalité de conditions dont je vante les avantages, subsistent encore dans des corps tout dévoués à l'observation de ces belles lois. C'est faire grâce à ces pelotons d'hommes fortuitement rassemblés, à ces tubérosités éparses çà et là sur le corps languissant de la société, que de les comparer à de riches familles qui appauvrissent une république : ces mêmes familles qui la ruinent peuvent quelquefois utilement la servir. Non, ces corps monstrueux composés de gens oisifs qui ne tiennent à l'arbre que comme des plantes parasites, ne valent pas la branche la plus viciée. Il faut que, dans l'état actuel des nations les mieux gouvernées, ces corps isolés soient de véritables cabales de gens qui semblent conspirer de se dispenser, sous mille prétextes frivoles, de tout devoir de citoyen, et de jouir néanmoins des plus belles prérogatives. Non, encore un coup, l'esprit des lois de la nature ne peut se renfermer dans ces retraites obscures. Je prétends qu'il est de son essence de se répandre également sur tout un peuple ; qu'il doit animer tous ses membres d'une même activité et d'une même tendance, et les lier d'un même lien : il a, par conséquent, en horreur les vides entrecoupés de ces associations factieuses.

Je viens de rendre raison des progrès et du pouvoir que l'usage, que de vieilles opinions, des préjugés fortement enracinés, donnent aux lois vulgaires, tout vicieux qu'en sont les principes et leurs conséquences. J'ai fait voir combien ces lois sont incompatibles avec celles de la nature ; en un mot, par quels degrés les erreurs politiques et morales croissent au point d'usurper, presque sans retour, le nom, l'autorité et les droits de la vérité.

Il me reste à résoudre les dernières propositions de l'objection de la *Bibliothèque impartiale* : les voici. *Le projet d'égalité est, en particulier, un de ceux qui paraît le plus répugnant au caractère des hommes : ils naissent pour commander, ou pour servir; un état mitoyen leur est à charge.*

J'ai déjà expliqué à quels égards les hommes étaient et devaient demeurer parfaitement égaux, et comment la nature, sans troubler le niveau de cette égalité fondamentale, avait distribué aux individus de notre espèce différentes qualités pour leur servir de titre, et sur quoi elle avait réglé la place et les rapports utiles de chaque membre de la société.

En quoi consistent la liberté et la dépendance.

Examinons à présent en quoi consiste la véritable *liberté politique* ou *civile* de l'homme, dont les moralistes n'ont jamais eu une idée juste, non plus que du *bien* ou du *mal moral*.

Je dis, premièrement, que la véritable liberté politique de l'homme consiste à jouir, sans obstacles et sans crainte, de tout ce qui peut satisfaire ses appétits naturels, et, par conséquent, très-légitimes; mais que cette heureuse liberté dépend elle-même d'une combinaison de causes qui rendraient cette jouissance très-possible, si les moyens n'en eussent été pervertis et troublés.

Si, par liberté, on entend une entière indépendance qui exclue absolument tout rapport d'un homme à un autre, je dis que cette liberté serait un état de parfait abandon, situation dans laquelle les hommes vivraient isolés comme les plantes; alors plus de société.

L'espèce de dépendance des différents membres de l'humanité, leurs divers rapports naturels ne sont pas plus un défaut de liberté, une gêne, que la réunion et la dépendance des organes ne sont, dans un corps animé, un défaut de vigueur; au contraire, cette association, ces liaisons augmentent et secondent le pouvoir de cette liberté civile ; elles lèvent les obstacles que notre impuissance, notre faiblesse naturelle trouveraient sans cesse, si elles n'étaient aidées ; bref, elle contribue à tout ce qui favorise notre conservation, notre bien-être et notre liberté.

Les hommes naissent pour commander ou pour servir, dit l'auteur de la *Bibliothèque* : tous nos philosophes le disent comme lui. Je ne chicanerais point sur ces termes, si nos préjugés, nos coutumes ne leur avaient fait donner une signification fort odieuse. Restituons leur véritable sens. Les hommes naissent dans une mutuelle dépendance qui les fait, tour à tour, *commander* et *servir*, c'est-à-dire, être *secourus* et *secourir;* mais dans cette signification, et selon le véritable droit de la nature, il n'y a et ne doit y avoir ni *maître* ni *esclave;* ou plutôt la liberté, telle que je l'ai définie, est également secondée.

Je dis qu'il n'y a ni maître ni esclave, parce que la dépendance est réciproque. Le fils ne dépend pas plus du père, que celui-ci de sa progéniture : l'un est aussi étroitement lié par des sentiments naturels d'une tendresse secourable et bienfaisante, que l'autre par une faiblesse qui attend des secours. Les citoyens d'une république sont singulièrement et collectivement dans une mutuelle dépendance.

En général, dans la société l'un naît faible, délicat, mais spirituel et industrieux ; l'autre est fort et robuste, mais il a besoin de conseils. L'enfance est aidée par l'âge mûr ; celui-ci est sur son déclin, quand l'autre prend sa place et ses fonctions ; enfin, l'âge florissant, en secourant la vieillesse, est lui-même secouru par ses contemporains.

Faiblesse du pouvoir de nos maîtres les plus absolus.

Qu'on considère les hommes, même dans l'état présent des nations : combien d'orgueilleux mortels n'ont que le vain titre de maître? Tout paraît fléchir devant eux, et tacitement tout s'oppose à leur impérieuse volonté; tout conspire à la plier elle-même, ou à éluder ses intentions. Le plus vil esclave, une femme méprisable, ont-ils reconnu votre faible, redoutables souverains? ont-ils découvert le train, l'allure de vos caprices? ils vous gouvernent avec plus d'empire qu'un écuyer habile ne mâte le coursier le plus quinteux.

Puissants monarques, voulez-vous bien m'apprendre qui est votre premier favori, votre maîtresse? Je vous dirai qui règne en votre place. Vous ne pouvez les soupçonner de cette ingratitude; en effet, ils n'en sont pas toujours coupables. Non, ils n'usurpent point votre autorité; leur valet de chambre, leur soubrette, peut-être leur palefrenier; que sais-je enfin, quelque chose de plus vil encore, un dervis, un faquir, un moine gouvernent vos états. Croiriez-vous que souvent ces derniers placent près de vous ceux que vous honorez de vos faveurs, et disposent des dignités, des emplois, et par et pour leurs créatures?

Mais examinez de plus près combien votre absolu pouvoir est chimérique : Sultan, vous aviez besoin, naguère, d'établir un tribut nouveau sur votre peuple; et, pour en diminuer le fardeau, vous n'avez voulu qu'aucun des grands de votre Porte ni des timariots de l'empire en fût exempt; tous se sont soumis à vos ordres.

Croyant trouver la même obéissance, le même zèle pour le bien de l'État dans vos mouftis, vos imans, qui crient sans cesse dans les mosquées : *Peuples, soyez soumis à vos princes ; ils sont l'image de la Divinité. Renoncez aux biens passagers de la terre ; n'usez que du peu qu'exigent les besoins naturels ; versez le reste dans le sein des pauvres : sans l'aumône, sans la charité, les portes du paradis vous seront fermées pour jamais ;* croyant, dis-je, que ceux qui ont sans cesse ces maximes dans la bouche les auraient dans le cœur, et viendraient, au moindre signal, apporter dans vos trésors de quoi épargner au malheureux les sueurs et les peines que lui causent les besoins de la patrie, vous proposâtes à ces oracles du prophète de vous donner un état des immenses richesses que les libéralités de vos prédécesseurs, et celles de toute la nation, leur ont autrefois prodiguées.

Vous vîtes alors tomber le masque de l'hypocrisie ; vous vîtes cette impudente espèce, en violant le premier précepte de la religion, autoriser leur refus de cette religion même. Que devint donc votre pouvoir suprême ? vous craignîtes, dit-on, pour vos jours. Un de vos divans voulut soumettre ces rebelles ; vous lui imposâtes silence.

Quelque temps après, ces sujets séditieux, qui venaient de donner une atteinte si visible à votre autorité, semblables à ces Indiens qui maltraitent et caressent tour à tour leur idole, se servirent de ce même pouvoir pour rétablir leur ancienne domination jusque sur ceux que la mort va mettre au niveau des monarques.

Vous, maîtres passagers de la terre, les devoirs du citoyen une fois remplis envers vous et l'État, vous laissez au moins en repos les facultés de l'âme ; c'est par elles que l'homme est et doit être libre, lors même qu'il est chargé des fers du plus dur esclavage ; mais cette nation éternelle sans postérité (1), par combien d'endroits, sous

(1) *Gens æterna in quâ nemo nascitur.* Val. Max.

combien de vains prétextes, sans aucun profit pour le cœur, ne prétend-elle pas opprimer la raison?

Votre divan reconnut les ruses ambitieuses de ces petits tyrans ; il voulut vous représenter que ces prétendus favoris du prophète s'étaient plus d'une fois rendus maîtres des intrigues du sérail : il vous rappela qu'on avait souvent vu d'insolents mouftis se prétendre autant au-dessus des sultans que les anges surpassent les mortels, et s'arroger le droit de disposer de l'empire ; il voulut vous faire considérer que, quoique leurs vices et leurs désordres eussent désabusé les peuples, il était à craindre que ces hommes dangereux ne relevassent les ruines de leur monstrueux pouvoir à la faveur des opinions, des maximes qu'ils semaient dans les esprits du vulgaire. Ce sage divan tenta de vous faire remarquer combien toutes ces ruses portaient atteinte aux lois, au repos, à votre pouvoir même ; ce fut en vain : par un enchantement prodigieux, les conjurés écartèrent la vérité de votre trône ; ils firent passer le zèle de ce corps respectable pour une offense ; vous l'exilâtes.

Après cela, puissants monarques, qu'il me soit encore permis de vous demander quel est ce pouvoir dont vous vous montrez si jaloux ? Il est souvent le jouet du fourbe ou du flatteur, qui sait vous fasciner les yeux. Les méchants font de votre sceptre le fléau du sujet fidèle.

Ces exemples prouvent donc que, dans le monde moral construit comme il est par des mains mortelles, il n'y a ni véritable *subordination* ni véritable *liberté*.

Vraies causes de la décadence et des révolutions des états les plus florissants.

Depuis le sceptre jusqu'à la houlette, depuis la tiare jusjusqu'au plus vil froc, si l'on demande qui gouverne les hommes, la réponse est facile ; l'intérêt personnel, ou un intérêt étranger que la vanité fait adopter, et qui est toujours tributaire du premier. Mais de qui ces monstres tiennent-ils le jour? de la propriété.

C'est donc en vain, sages de la terre, que vous cherchez un état parfait de liberté où règnent de tels tyrans. Discourez, tant qu'il vous plaira, sur la meilleure forme de gouvernement ; trouvez les moyens de fonder la plus sage république ; faites qu'une nation nombreuse trouve son bonheur à observer vos lois ; vous n'avez point coupé racine à la propriété, vous n'avez rien fait ; votre république tombera un jour dans l'état le plus déplorable. C'est en vain que vous attribuerez ces tristes révolutions au *hasard*, à une *aveugle fatalité* qui cause l'instabilité des empires comme celle de la fortune des particuliers ; ce sont des mots vides de sens.

Ce que c'est que le hasard dans l'ordre moral.

Ce *hasard*, cette prétendue *fatalité morale* ne sont que des effets de la discordance des volontés, auxquelles vous devez vous attendre, pour avoir négligé les vrais moyens d'associer ces volontés, conformément aux intentions de la nature : il n'entre point de hasard dans son plan, point de vicissitudes monstrueuses dans son cours, dans ses révolutions ; sa marche est constante, uniforme ; enfin, je le répète, ce hasard qui change les républiques en monarchies, et celles-ci en gouvernements tyranniques, n'est point une véritable fatalité : il n'y a rien en cela de fortuit ; la cause n'en est que trop sensible : c'est la propriété, l'intérêt, qui tantôt associent les hommes, et tantôt les subjuguent et les oppriment.

Vous dites, que les principes de la *démocratie* sont la

probité, la vertu ; que *l'aristocratie* se soutient par la modération ; que la *monarchie* se fonde sur l'honneur ; que la crainte affermit le rigoureux empire du *despotisme* (1). Quels frêles supports, grand Dieu ! tous portent plus ou moins sur la propriété et l'intérêt, les plus ruineux de tous les fondements.

Dans une république, l'intérêt personnel et particulier, tempéré par une sorte d'égalité de fortune et de condition, reste quelque temps en équilibre avec l'intérêt commun de la société : les hommes, moins éloignés de leur état naturel, sont moins vicieux ; ce moins fait leur *vertu ;* mais tout équilibre est un état violent que le moindre poids rompt facilement. Pourquoi suspendre ainsi ce qui pouvait demeurer de niveau sur une base ferme et stable ? pourquoi restreindre le bien public par la chose du monde la plus capable de le détruire, par une propriété qui incline si facilement l'homme à l'usurpation ? Qu'opposerez-vous à ce penchant avide ? de faibles vertus qu'il saura adroitement faire servir à ses fins, et rendra bientôt quelques familles maîtresses des fonds de la société et du gouvernement : voilà l'intérêt commun de toute une nation transformé en celui de quelques personnes unies pour asservir la multitude ; c'est l'aristocratie dont les membres ont besoin d'une *modération* qui prévienne entre eux toute jalousie, ou qui dérobe au peuple la vue d'une domination qui lui deviendrait odieuse : telle est, dans ce gouvernement, l'ombre de liberté que lui laissent les grands ; mais, sitôt qu'ils sortent des bornes de cette modération, un d'entre eux profite adroitement ou de leurs discordes ou de la haine publique contre ses égaux ; il favorise la multitude qui le porte sur le trône, ou bien il y parvient par les mêmes degrés qui avaient élevé les familles qu'il réduit

(1) *Esprit des lois*, livre III.

aux honneurs du second rang : ainsi s'établit la monarchie ; elle ne s'approprie presque aucun des fonds de la société ; elle maintient les lois qui en ont fait les partages ; mais elle use, à son gré, de tous les membres du corps politique. Ce n'est plus la patrie que l'on sert, c'est la personne du prince ; c'est en sa considération que l'on fait son devoir ; c'est de lui seul qu'on attend des honneurs, des récompenses ; et, pour y parvenir, il faut percer la foule par des actions d'éclat que le souverain puisse remarquer. S'il est vertueux, l'empressement à mériter son estime, ses faveurs et des places voisines de la splendeur du trône ; *l'honneur*, en un mot, cette idée attachée à toute supériorité, fait le plus ferme appui du pouvoir des monarques. Mais hélas ! par combien d'accidents cet honneur ne dégénère-t-il pas en basse servitude ! Romains, vous triomphâtes sous les deux premiers Césars ; vous fûtes sous les autres les plus vils des mortels.

Bientôt la flatterie corrompt les plus grands rois ; voilà leurs courtisans, leurs sujets devenus adulateurs. Il n'est presque plus personne qui, pour acquérir les bonnes grâces de celui qui porte le sceptre, ne s'efforce de lui persuader que les hommes sont à l'égard de leurs souverains ce qu'est la nature entière par rapport à son auteur ; que dis-je ? ils leur insinuent que les peuples sont, à l'égard des têtes couronnées, ce que les animaux domestiques sont pour les hommes. On ne voit plus alors que d'indignes ministres des volontés les plus tyranniques. Quelque odieuse cabale s'empare de l'éducation d'un successeur ; ce corps de vils eunuques (1), avec l'ignorance ou les vices qui leur sont utiles, perpétue dans la famille régnante les maximes pernicieuses pour lesquelles la flatterie lui a fait prendre goût.

(1) Sous le Bas-Empire on donnait indistinctement ce nom à tous les domestiques de la cour.

Peuples, réjouissez-vous, il vous est né un prince; la nature l'a doué de qualités qui feront un jour vos délices : il ne s'agit que d'en aider le développement..... Hélas! non, gémissez; vos espérances vont être cruellement déçues; des monstres vont étouffer cette fleur; leur souffle empoisonneur va obscurcir, resserrer, éteindre les facultés de ce génie pour le gouverner à leur gré : il sera fortement imbu de toutes les erreurs, de tous les préjugés du plus grossier vulgaire; ils l'assujettiront aux craintes superstitieuses d'une femmelette; du reste, cette engeance infectera ce tendre rejeton de l'esprit furieux d'avarice et de domination qui la possède.

Tous ces premiers esclaves s'efforcent d'établir le despotisme, qui bientôt jette une nation dans la barbarie, et de là dans un anéantissement total, où tombe avec elle le joug pesant qui l'y précipite.

Tels ont toujours été les progrès de la décadence des plus florissants empires. Quelle autre chose que l'esprit cruel de *propriété* et *d'intérêt* donne le branle à ces tristes révolutions.

Eheu quam pereunt brevibus ingentia causis.
CLAUDIAN.

Voilà ce que l'on peut nommer la fortune des États.

Ce qui assurerait la stabilité des empires.

Cette instabilité, ces vicisstudes périodiques des empires seraient-elles possibles où tous les biens seraient indivisiblement communs? Posez cet excellent principe; attachez à tout ce qui peut le rendre inaltérable, à tout ce qui peut en favoriser les heureuses conséquences, les idées les plus sublimes d'honneur et de vertu, vous aurez pour toujours fixé le sort heureux d'une nation; il n'y aura plus qu'une seule constitution, qu'un seul mécanisme de gouvernement sous différents noms.

Quand un peuple consentira unanimement à n'obéir qu'aux lois de la nature, telles que nous les avons développées, et se comportera en conséquence, sous la direction de ses pères de famille, ce sera une *démocratie*.

Si, pour que ces lois sacrées soient plus religieusement observées et s'exécutent avec plus d'ordre et de promptitude, le peuple en dépose l'autorité entre les mains d'un nombre de sages, qui soient, pour ainsi dire, comme chargés de donner le signal des opérations que ces lois indiquent et ordonnent, alors le gouvernement sera *aristocratique*.

Si, pour encore plus de précision, de justesse et de régularité dans les mouvements du corps politique, un seul en touche les ressorts, l'État devient une *monarchie*, qui jamais ne dégénérera si la *propriété* ne s'y introduit point : cet accident peut tout perdre; mais dans notre hypothèse, mille moyens de le prévenir.

Sous quel prétexte la politique sacrifie l'intérêt de la multitude à celui d'un seul.

Pour montrer à quel point la destruction des lois de la nature a fait renverser les idées, soit morales, soit politiques, j'observe que l'on considère un État comme un instrument dont les souverains montent et touchent les cordes, pour en tirer le son qu'il leur plaît; ces cordes sont la multitude, qui dit-on, est aveugle, et ne sait ordinairement ce qu'elle veut; qui se porte brutalement à ce qui lui nuit comme à ce qui lui semble utile, et ne pourrait, par conséquent, jamais former une société, si elle n'était assujettie à quelque autorité redoutable. Oui, les hommes doivent être gouvernés; mais depuis quand le commun, en général, est-il devenu une multitude aveugle? n'est-ce pas depuis que la propriété et l'intérêt, joints aux erreurs qui en sont les suites, ont mis, comme je l'ai dit, une discordance si variée et si compliquée entre les volontés, que dans un millier de personnes à peine s'en trouvera-t-il dix qui puissent s'accorder, soit sur la façon de considérer un objet utile, soit sur les vrais moyens de s'en procurer une égale jouissance? presque aucun n'aura une juste idée de ce qui constitue l'essence du vrai bien d'une société, quelque petite qu'on la suppose. L'oppression a toujours pris à tâche d'étouffer ces idées qui rendraient l'homme vraiment libre, parce qu'il serait raisonnable : est-il étonnant, après cela, que tout un peuple, toute une nation soit devenue une multitude capricieuse, insensée, un assemblage tumultueux d'un nombre infini de volontés et de sentiments contraires, dont la fermentation est plus violente que les flots d'une mer agitée; enfin, un feu qui se dévorerait et se détruirait de soi-même, si sa violence n'était contenue par des lois qui le modèrent, et des maîtres qui le gouvernent? Ainsi, selon nos sages, ces maîtres sont établis pour diriger, avec force et autorité, l'humanité entière vers son bien, que souvent elle ne connaît pas : ce sont des pasteurs qui conduisent une troupe de bestiaux stupides vers un bon pâturage, et qui la détournent de la fange d'un marais où elle irait se précipiter et se perdre. De là la belle maxime, que les potentats sont faits pour veiller à rendre leurs peuples heureux. J'ajouterai que, pour y réussir, il faudrait les guérir des préjugés qui aveuglent les hommes sur leurs vrais intérêts; mais précisément tout le contraire arrive. Un peuple entier est souvent destiné à rendre heureux quelques mortels, aux dépens de son repos et de sa félicité. On favorise toutes les opinions, toutes les erreurs qui le retiennent dans cet avilissement : si la multitude trouve son compte dans les travaux pénibles de cette servitude, à la bonne heure ; si, au contraire, les choses se trouvent arrangées de façon que la prospérité de quelques familles, ou d'une seule, dépende de la misère de toute la nation, ou de la plus grande partie, c'est de quoi s'embarrassent fort peu ceux qui se trouvent placés au premier rang. Des millions d'hommes ont à peine de quoi subsister; les tributs, les impôts leur en arrachent une partie : qu'importe; la famille, le corps, ou plutôt le fantôme qui représente la nation, est puissant et riche; son autorité est affermie pour plusieurs siècles; sa domination embrasse de vastes contrées; le reste de l'humanité n'est qu'un vil ramas d'animaux utiles à la vérité : les maîtres seraient intéressés à leur conservation si, quelque accident qui pût arriver, l'espèce n'en était pas à peu près aussi nombreuse. C'est effectivement sur ces détestables principes que portent les affreuses maximes du machiavélisme, selon lesquelles les hommes seraient, à l'égard de leurs souverains, à peu près ce que les *Ilotes* étaient chez les Lacédémoniens.

Pouvoir et fonctions des souverains dans le droit naturel ; leur véritable grandeur.

En rétablissant les choses dans l'ordre naturel, renversons la comparaison. Le tout vaut mieux que la partie même la plus excellente ; l'humanité entière vaut mieux que le meilleur de tous les hommes, et une nation est préférable à la famille la plus respectable et au citoyen le plus respecté.

Magistrats, grands d'une république, monarques,

qu'êtes-vous dans le droit naturel à l'égard des peuples que vous gouvernez? de simples ministres députés pour prendre soin de leur bonheur ; déchus de tout emploi, et les plus vils membres de ce corps, dès que vous remplissez mal votre commission. Votre vigilance, votre exactitude vous rendent les plus fidèles domestiques de l'humanité, ceux qu'elle aime le plus; que méritez-vous, quand, devenus serviteurs infidèles ou insolents, vous osez chercher à l'opprimer?

Une nation qui met un de ses citoyens à sa tête, et principalement celle qui serait soumise aux lois de la simple nature, n'est-elle pas en droit de lui dire. « Nous « vous chargeons de nous faire observer les conventions « faites entre nous; et comme elles tendent à entretenir « parmi nous une réciprocité de secours si parfaite, « qu'aucun ne manque non seulement du nécessaire et « de l'utile, mais même de l'agréable, nous vous enjoi« gnons de veiller exactement à la conservation de cet « ordre, de nous avertir des moyens efficaces de l'entre« tenir, de nous faciliter ces moyens, et de nous encou« rager à les mettre en usage. La raison nous a prescrit « ces lois, et nous vous prescrivons de nous y rappeler « sans cesse; nous vous conférons le pouvoir, l'autorité « de ces lois et de cette raison sur chacun de nous; nous « vous en faisons l'organe et le héraut; nous nous enga« geons à vous aider à contraindre quiconque de nous « serait assez dépourvu de sens pour leur désobéir : vous « devez comprendre que si vous-même osez enfreindre « les devoirs communs, ou négliger ceux de votre emploi; « si vous voulez nous imposer quelque obligation que les « lois ne prescrivent point, ces mêmes lois vous déclarent, « dès l'instant, déchu de tout pouvoir : alors personne « n'écoute plus votre voix; on vous impose silence, et « vous rentrez parmi nous pour être comme un simple

« particulier, contraint de vous conformer à nos institutions.

« Nous vous jugeons capable de nous gouverner, nous « nous abandonnons avec confiance aux directions de « vos prudents conseils : c'est un premier hommage que « nous rendons à la supériorité des talents dont la nature « vous a doué. Si vous êtes fidèle à vos devoirs, nous « vous chérirons comme un présent du ciel, nous vous « respecterons comme un père : voilà votre récompense, « votre gloire, votre grandeur. Quel bonheur de pouvoir « mériter que tant de milliers de mortels, vos égaux, s'intéressent à votre existence, à votre conservation!

« Dieu est un Être souverainement bienfaisant; il nous « a fait sociables, maintenez-nous ce que nous sommes : « ainsi qu'il est le moteur de la nature entière, où il entretient un ordre admirable, soyez le moteur de notre « corps politique; en cette qualité vous semblerez imiter « l'Être suprême. Du reste, souvenez-vous qu'à l'égard de « ce qui vous touche personnellement, vous n'avez d'autres « droits incontestables, d'autre pouvoir que ceux qui « lient le commun des citoyens, parce que vous n'avez « pas d'autres besoins; vous n'éprouvez pas d'autres « plaisirs; vous n'avez, en un mot, rien de plus excellent, « ni qui puisse vous donner la préférence sur le commun « des hommes. Si nous trouvons notre utilité à vous proroger le commandement; si nous jugeons que quelqu'un « des vôtres en soit capable après vous, nous pourrons « agir en conséquence, par un choix libre et indépendant « de toute prétention. »

Je demande quelle capitulation, quel titre, quel droit d'antique possession peut prescrire contre la vérité de cette *chartre* (1) divine, peut en affranchir les souverains? Que dis-je? les priver d'un privilége qui les revêt du pouvoir

(1) Titre ou édit perpétuel et irrévocable.

de suprêmes bienfaiteurs, et les rend par-là véritablement semblables à la Divinité. Que l'on juge sur cet exposé, de la forme ordinaire des gouvernements.

Après avoir découvert que l'origine, les causes et les progrès des désordres et de tous les maux, tiennent aux constitutions vicieuses de toute société, je vais tâcher de fixer les idées de *malheur* et de *mal moral;* idées grossièrement compliquées chez la plupart de nos moralistes. J'examinerai ensuite l'influence de ces erreurs sur les préceptes de la morale.

TROISIÈME PARTIE.

DÉFAUTS PARTICULIERS DE LA MORALE VULGAIRE.

Ce que c'est que le mal ; ses différentes espèces.

L'homme disposé par la nature (et ce pour être plus promptement averti de veiller à sa conservation) à juger de tout relativement à lui-même, appelle *mal* tout ce qui, médiatement ou immédiatement, lui déplaît, ou l'offense. La réflexion et l'étude lui ont cependant appris à diviser cette idée générale.

Nous nommons *maux physiques* les mutabilités de la matière qui nous semblent fâcheuses. La destruction d'une belle fleur, de quelque production utile, est, pour nous, une *perte*, un *dommage;* nous éprouvons du *déplaisir*, des *regrets*. Les accidents qui nous arrivent de la part de quelque être purement passif qui nous blesse, qui nous cause de la douleur, quelques sensations désagréables, comme le choc d'une pierre, sont des maux physiques que nous nommons *malheurs*.

L'action d'une cause intelligente, qui déplaît, offense ou blesse, est le *mal moral;* celui qui la commet de propos délibéré, est le *méchant*.

Prenez le contraire de ces rapports affligeants, vous aurez les idées de *biens* de différents noms; ceux qui nous viendront de la part d'une cause insensible, seront *physiques;* ceux que nous recevrons d'une cause intelligente, seront *moraux*. Ces causes, en général, se nommé-ront *bonnes :* leurs effets seront des *bienfaits*, nos sentiments des *plaisirs*; l'événement est *bonheur*, et notre état, *félicité*. Tâchons, si nous pouvons, de resserrer les limites déjà trop étendues de ce qui nous afflige, et d'élargir l'étroite enceinte de notre bien-être, que nos moralistes semblent prendre à tâche de rétrécir.

Il n'y a point de mal physique en présence de la Divinité.

Je dis que les maux physiques viennent d'une mutabilité de rapports et de situations auxquels notre nature nous expose, mais dont la *cause* première est entièrement exempte. Je ne m'arrêterai point à prouver ce que personne ne contestera, que dans l'ordre général de l'univers, tout est aux yeux de son auteur infiniment sage, aussi bon et aussi bien qu'il est possible qu'il le soit, et que rien ne peut lui être désagréable dans son ouvrage. Il n'y a donc point de mal physique en présence du Créateur. De plus, il n'arrive aucun mal physique de la part de l'auteur de tout ordre; car ce qui serait un désordre dans les rapports de ces créatures inanimées entre elles, serait, ce qui répugne, une ignorance, une errreur dans l'intelligence infinie; et ce serait, par rapport à nous, une qualité fort malfaisante dans la cause suprême; idée qui ne répugne pas moins que la première. Ainsi, à proprement parler, ce que nous nommons mal physique, n'en est point un, même à notre égard; car, premièrement, une grande partie des accidents qui nous déplaisent, ne sont contre notre gré que parce que nos vues bornées ne peuvent apercevoir l'ordre et l'enchaînement des êtres; elle n'en saisit que quelque fragment, qu'elle croit imparfait, ne pouvant voir que lui seul: une autre partie de ces accidents sont moins des maux physiques par rapport à nous, que des avis pressants, ou de nous délivrer, ou de nous garantir de ce qui peut nous nuire. Nous devons encore moins considérer toutes ces choses comme les effets d'une volonté suprême, déterminée à nous nuire, que comme des bienfaits de sa part; et quand nous serions périssables comme les êtres inanimés, nous ne pourrions nous plaindre d'une cause aveugle qui nous plongerait, par dégrés, dans l'indifférence du néant; à plus forte raison, ne pouvons-nous accuser une cause bienfaisante et sage, qui ne peut et ne veut nous laisser subir quelques accidents passagers, que parce qu'il est entré dans son plan, que tout être muable doué deraison, éprouverait par degrés ses bontés, et en sentirait tout le prix.

Le mal moral ne touche que la créature.

Concluons de tout ceci, qu'il n'existe dans l'univers d'autre *mal* que le *moral*, qui ne peut avoir pour cause que la créature raisonnable, et ne peut attaquer et offenser qu'elle. Il est dans la cause, comme nous l'avons dit, une détermination libre à nuire, c'est la *méchanceté*, et dans le sujet qui l'éprouve, c'est *offense*, *lésion*. Or, il serait absurde de dire que la Divinité fût exposée à de si fâcheux rapports; il vaudrait autant la supposer, comme nous, changeante et périssable.

Non, dit-on, le mal moral n'attaque point la Divinité: comme il offense les hommes; c'est-à-dire, qu'il ne peut l'affliger, ni troubler son repos immuable; mais il peut lui déplaire, à peu près comme le mal que nous voyons faire à quelqu'un, sans que nous ayons rien à redouter

10.

de semblable, nous touche et nous émeut; ce sentiment de bonté est en nous une image de la sienne.

Je prouverai dans peu combien cette comparaison, toute utile qu'elle est dans l'état présent des sociétés, est fausse; cependant c'est une de ces erreurs utiles, semblable à celles de nos sens, faite pour suppléer au défaut des leçons de la nature, lorsque l'homme ne les écoute plus; erreur dont il n'avait que faire, s'il fût demeuré soumis aux lois primitives.

Je dis que l'homme n'avait pas besoin d'imaginer que la Divinité s'offense de ses désordres, s'il ne fût point sorti de ce que lui prescrivaient les sentiments naturels, puisque sous leur heureux empire, cette créature, comme nous l'avons fait voir dans tout ce qui précède, ne peut être nuisible; tout dans cet état lui met en évidence et lui fait vivement sentir la nécessité d'être bienfaisante.

Analogie entre l'ordre physique et le moral.

Dieu, à l'égard des actions des hommes, comme dans l'ordre physique du monde, a établi une loi générale, un principe infaillible de tout mouvement; et toutes choses une fois disposées selon un plan aussi admirable par sa simplicité que par l'étendue et la fécondité de ses conséquences, tout marche, tout va avec un concert merveilleux; il semble que la toute-puissance ait livré les causes secondes et les effets particuliers à eux-mêmes, ou, si vous voulez, il en conserve le cours et l'enchaînement. Les sciences ont conduit les hommes assez près du premier ressort de ce mécanisme, pour le leur laisser entrevoir.

Dieu, qui est toujours semblable à lui-même, a aussi établi dans l'ordre moral un principe infaillible d'*innocence* pour les créatures qu'il voulait douer d'une faculté qui les mît en état de se conserver mutuellement elles-mêmes. Comme il a livré les êtres inanimés à un mouvement aveugle et mécanique, il a de même livré les hommes à ce guide qui les pénètre, pour ainsi dire, et les possède tout entiers. C'est le sentiment de l'amour de nous-mêmes, impuissant sans secours, qui nous met dans l'heureuse nécessité d'être bienfaisants. Notre faiblesse est en nous comme une espèce d'*inertie:* elle nous dispose, comme celle des corps, à subir une loi générale qui lie et enchaîne tous les êtres moraux. La raison, quand rien ne l'offusque, vient encore augmenter la force de cette espèce de gravitation.

La bienfaisance est la première de toutes nos idées morales.

Nous apprenons à *bien faire*, longtemps avant que d'avoir besoin de la leçon de *ne point nuire.* La durée de notre première débilité est le temps de cet heureux apprentissage; elle nous laisse bien du temps privés de toute idée malfaisante, pour faire éclore et fortifier en nous celle de la bienfaisance.

L'animal destiné à devenir sociable, passe par une enfance proportionnée au degré de force que doit acquérir ce doux penchant; ses premiers mouvements sont des signes de besoins, et non des inclinations féroces. Cet âge vif et léger n'est susceptible que d'une impression peu durable de l'offense, que celle du moindre bienfait efface aisément : quelque violentes que paraissent souvent ses agitations, ses inquiétudes, elles sont une marque de sa sensibilité, et non de dépravation; c'est un être inanimé qui n'a encore essayé de rien, et veut faire épreuve de tout : il ne s'irrite sérieusement contre rien; il cherche à jouir : sans égard aux obstacles, il tend directement à l'objet agréable. Comme il ignore encore que rien puisse lui nuire; comme il se voit, au contraire, fréquemment secouru par ceux auxquels il doit le jour, ou qui l'environnent; leurs soins, leurs caresses, leurs complaisances doivent être pour lui de continuelles leçons qui lui apprennent à aimer; et l'amour n'est-il pas le principe de toute bienfaisance? Oui, c'est en éprouvant qu'il y a des objets aimables, revêtus du pouvoir de nous faire du bien, que s'excitent en nous les mêmes dispositions : or, je dis qu'une expérience constante prouve que ce sont les premières épreuves que nous faisons dès notre naissance; ainsi l'a voulu la bonté divine. Il serait donc inutile de m'objecter que, comme l'idée de bienfaisance peut précéder en nous toute disposition à nuire, il peut aussi arriver que les premiers instants de notre vie ayant été des malheurs, nos premières dispositions nous auront portés à mal faire. Je réponds que cela serait possible dans l'ordre moral d'institution humaine ; mais que l'ordre naturel qui le précède toujours, nous préserve, au moins pour quelques instants, de ces funestes dispositions, et nous en garantirait pour toujours s'il était secondé par l'*art*, je veux dire, par des règles, des préceptes ou des exemples qui soutinssent, et fortifiassent les premières leçons de bienfaisance. Au contraire, leurs impressions s'effacent promptement: à peine sommes-nous sortis de la première enfance, que des êtres libres qui cherchent à nous nuire, nous apprennent bientôt à les imiter.

Ce qui ôterait à l'homme toute idée de mal moral.

Il est donc sûr que la notion de ce principe moral : *Fais du bien pour en recevoir*, précède chez les hommes celle de cette autre maxime : *Ne nuis pas*, *pour que rien ne te nuise*. Or, ôtez la propriété, l'aveugle et impitoyable intérêt qui l'accompagne ; faites tomber tous les préjugés et les erreurs qui les soutiennent, il n'y a plus de résistance offensive ou défensive chez les hommes ; il n'y a plus de passions furieuses, plus d'actions féroces, plus de notions, plus d'idées de *mal moral*. S'il en reste, ou s'il s'en élève quelques traces, elles sont causées par des accidents si légers, et de si peu de conséquence ; c'est par des oppositions de volontés qui offusquent si peu, chez les contendants, les lumières de la raison, que loin d'affaiblir le domaine de la bienfaisance naturelle, ces faibles chocs n'en feraient que mieux sentir l'importance : en un mot, comme nous l'avons vu ailleurs, il n'y aurait dans les sociétés que quelques petites discordances ; elles en relèveraient l'harmonie, et lui nuiraient moins qu'elles ne l'empêcheraient de languir.

Ce que sont, en présence de la Divinité, les imperfections morales de la créature.

De tout ce que je viens d'établir, les moralistes concluront, que puisque l'homme est une créature libre, qui pouvait et devait rester dans un état heureux, il a dû se rendre bien désagréable en présence de son bienfaiteur, en violant, comme de propos délibéré, ses premières intentions : ils diront qu'il faut que cette créature soit bien insensée de s'être ainsi livrée à une infinité de maux dont il lui était si facile de voir et d'éviter le danger ; que, par conséquent, il faut que le genre humain soit bien coupable aux yeux de la Divinité, et bien digne de châtiment.

En usant, comme nos philosophes, de comparaison, il serait facile de faire voir que l'homme mériterait plus de pitié que de courroux de la part de la Divinité, et plutôt des secours que des châtiments, si la suprême sagesse jugeait des choses à peu près comme nous; mais qui ne sent le faux et le ridicule de ces sortes de comparaisons?

Rien dans l'univers ne peut déplaire à la Divinité dans le sens, ni de la manière que certaines choses déplaisent à une créature aussi bornée, aussi faible que l'homme, être périssable, que le moindre dérangement apparent inquiète, embarrasse. Quoique nous ne puissions absolument connaître comment la Divinité considère les accidents physiques ou moraux, que nous nommons *le mal*, il est certain, comme j'ai déjà dit, que ce qui nous semble un désordre, n'en doit point être un pour l'intelligence infinie, qui a tout ordonné; il faudrait, sans cela, la taxer d'imprudence on de méchanceté, ou en faire une fatalité qui s'ignorerait elle-même. Ceux qui prétendent qu'il arrive des choses qui peuvent choquer les idées ou la volonté divine, ne peuvent, quelques efforts qu'ils fassent, éluder cette objection, qui se présente d'elle-même toute la première.

En effet, si quelque chose offense, c'est-à-dire, déplaît à la Divinité dans la conduite morale des hommes; si ce que nous nommons mal, est autre chose à ses yeux qu'un simple défaut, suite nécessaire des bornes naturelles de la capacité humaine laissée, dans cette vie, à son propre gouvernement; si ce mal est autre chose qu'une simple imprudence, une erreur qui porte avec elle son châtiment et son remède, il faudra convenir que toutes les institutions humaines, toutes les lois factices auxquelles les mortels se sont soumis, ou ont été forcés de se soumettre, sont des crimes généraux, d'autant plus énormes et plus punissables, qu'ils sont la source de tous les maux. Or, dans cette supposition, il faudrait dire que la Divinité doit châtier tous nos sages, tous nos législateurs, qui, comme nous l'avons prouvé, ont bouleversé les lois de la nature.

Cependant, à les entendre, ils ne sont pas coupables, ils avaient les meilleures intentions du monde.

Quant au reste des hommes, que peut-on leur imputer? Après tout, ce n'est pas leur faute, s'ils ont été induits en des erreurs, qui multipliées de générations en générations, sont devenues insurmontables. Si donc, en conséquence de ces erreurs, quelques particuliers se trouvent réduits à la dure nécessité de devenir criminels, dans les principes même de nos moralistes, n'ont-ils pas droit de s'excuser d'une méchanceté involontaire, d'une méchanceté dont tout le système a été comme bâti avant eux? Le funeste torrent de toute dépravation est creusé dès longtemps; il n'est presque plus possible à ces malheureux de se tirer des gouffres fréquents qu'il laisse sur son passage. Quel est le coupable de celui qui a ouvert le précipice, ou de celui qui y tombe?

Vous avez fait des lois que vous sentiez qui seraient infailliblement violées; et c'est ce qui devait vous faire comprendre combien elles étaient imparfaites. Vous châtiez; et pour les maintenir, vous n'aviez que ce moyen. Pourquoi faites-vous la Divinité garante de vos bévues? Quoi! vous voulez qu'elle s'irrite de ce que vous n'êtes pas obéis, et qu'elle poursuive votre vengeance au delà du terme de toute prévarication!

Si l'on réplique que Dieu doit punir les prévaricateurs, comme le font les hommes, parce que les crimes, malgré l'imperfection des lois humaines qui ont pu les occasionner, n'étaient pas inévitables pour ceux qui les ont commis, et parce que ces mêmes lois, faites précisément pour les empêcher, donnaient, d'après la nature, des leçons pour les éviter, je vous demanderai à quoi servaient ces leçons, aussi inefficaces que révoltantes? Vous les dites tirées de la nature, et je vous ai fait voir qu'elles la contredisent. Où est l'authenticité qui peut les faire adopter de Dieu, et les lui faire approuver comme siennes, comme des règles prescrites aux hommes sous des peines très-rigoureuses?

Ou avouez-moi des absurdités : 1° que la Divinité aurait, au gré de la folie des hommes, abrogé et supprimé la première loi de nature, et ses conséquences; 2° qu'il aurait changé l'essence des rapports primitifs qu'il a voulu établir entre ses créatures raisonnables, pour leur substituer et autoriser le système de tel ou tel législateur; 3° que parce qu'il aurait plu à ce réformateur mortel, pour faire quadrer ses arrangements, de réputer pour crime, une action qui n'est naturellement point mauvaise, la Providence, d'après les rêveries d'un cerveau fanatique, punirait ceux qui ne se conformeraient pas à ces préceptes. Si ces conséquences de vos propres principes révoltent le bon sens, abandonnez-les pour convenir de choses plus raisonnables : qu'il est incontestable, comme je le prouve ailleurs, que tant que les lois de la nature subsistent dans leur entier, il n'y a point de crime possible; point, par conséquent, de crime à punir : que si une main maladroite altère par erreur les dispositions de ces lois, ou plutôt se méprend et induit par ignorance quelques malheureux à les violer, la sagesse infinie se sert de la même main pour réparer un dégât momentané.

Le mal moral n'est dans l'homme, aux yeux de la Providence, que ce que sont les imperfections dans les êtres physiques : sa sagesse ne détruit point la chose imparfaite, mais la perfectionne. J'appelle chose *imparfaite*, ce qui n'est pas encore ce que la Providence a dessein de la faire devenir.

Tout dans l'univers, soit physique, soit moral, se perfectionne par gradation.

Tout prouve dans la nature comme dans l'art, dans le physique comme dans l'intellectuel et le moral, qu'il est établi un point fixe d'*intégrité*, auquel les êtres montent par degrés. Nous ignorons l'essence des choses les plus simples et les plus bornées; nous ne savons si elles sont susceptibles ou non d'une subite *intégrité*, et, par conséquent, si la toute-puissance pouvait, ou non, les y porter sans gradation. Je ne conteste point sur l'affirmative ou la négative; je ne me tiens qu'à l'extérieur sensible de ses procédés: les phénomènes qui me les montrent, me laissent voir partout, jusques dans l'aile du moucheron, un développement successif; j'éprouve, je sens les progrès de ma raison : je puis donc dire, avec fondement, que par une analogie merveilleuse, il est dans le moral des accroissements favorables, et que les lois de la nature, malgré leurs forces et leur douceur, n'acquièrent que par degrés une autorité entière sur l'humanité : de sorte que d'abord les nations qui s'assemblent, sentent plutôt l'utilité d'une société en général, qu'elles ne comprennent nettement quelle doit être la meilleure. Ce n'est que par une longue suite d'erreurs morales, par mille épreuves, que la raison humaine découvre enfin, que nulle situation ne peut être plus heureuse que l'état de simple nature; mais comment les nations pourraient-elles l'apprendre, si elles ne passaient par plusieurs formes de gouvernement, par plusieurs systèmes, dont les défauts dussent tôt ou tard réunir tous les suffrages en faveur de la nature?

Presque tous les peuples ont eu, et ont encore une idée d'un âge d'or, qui serait véritablement celui où aurait régné parmi les hommes la parfaite sociabilité dont j'ai développé les lois. Peut-être cette première innocence n'a-t-elle été, pendant plusieurs siècles, pratiquée que sans réflexion, et, par conséquent, sujette à se corrompre. Cette corruption aura produit la barbarie, le brigandage, dont les malheurs auront appris aux hommes le prix de leur premier état; ils auront essayé de s'en rapprocher par des lois qui, longtemps très-défectueuses, auront été abrogées par d'autres moins imparfaites : celles-ci ont été, et seront apparemment remplacées par de nouvelles, encore moins fautives; ainsi de suite, jusqu'à ce que la raison épurée se soit accoutumée à ne plus méconnaître les leçons de la nature, et à ne se livrer constamment qu'à ses impressions. Parvenue à ce terme heureux, la créature raisonnable aura acquis toute la bonté, ou l'intégrité morale dont elle est susceptible : c'est vraisemblablement par ces degrés que la Providence y conduit le genre humain. On a souvent dit que les empires avaient, comme l'homme, leur enfance, leur jeunesse, leur âge mûr, et leur décrépitude; n'en serait-il pas de même de l'espèce entière pendant un certain nombre de révolutions, qui la porteraient à un état constant d'innocence ?

Mais quittons les hypothèses pour fixer l'idée de *mal moral*, et la renfermer dans ses justes bornes.

Justes bornes du mal moral.

Il n'y a dans la nature *mal physique* ni *moral* respectivement à la Divinité, c'est-à-dire, qu'il n'est entre elle et les êtres créés aucune relation qui lui soit désagréable.

A l'égard de l'homme supposé soumis aux lois primitives de la nature, il n'y a point de *mal moral*, c'est-à-dire, aucune lésion active ou passive : il ne peut être exposé à des maux de cette espèce, ni se rendre coupable que dans la constitution arbitraire de certaines sociétés, qui varient comme les volontés mortelles qui les ont établies, et dont les coutumes et les usages sont souvent diamétralement opposés l'un à l'autre : de sorte que ce qui est mal moral dans l'une, est souvent un bien ou une action louable dans l'autre. L'état présent et passé des nations le prouve sans réplique. On condamne ici ce que l'on autorise, ce que l'on commande ailleurs ; donc le mal moral est, à cet égard, une chose purement versatile et changeante comme la fantaisie des législateurs : il est dans l'ordre qu'il soit puni par un autre mal aussi passager ; il est un pur effet d'une cause seconde livrée aux accidents de sa mutabilité volontaire ; ce mal peut-il avoir quelque relation avec la Divinité ?

L'homme est créateur indépendant de ses actions libres ; elles n'ont d'autre objet, d'autres motifs que sa conservation, son bien-être ; choses de très-courte durée, et entièrement laissées aux soins de sa capacité présente. Or, puisque ces actions, bonnes ou mauvaises, soit par rapport à lui, ou par rapport à ses semblables, ne sont telles que dans quelques circonstances seulement, il est vrai de dire que l'homme est très-accidentellement ou conditionnellement méchant. Otez la condition et les causes qui, pour la plupart, ne dépendent pas de lui, il ne peut pas être pervers, ni souhaiter, ni continuer de l'être.

La cause passagère de tous maux en est le remède.

Otez la propriété, je le répète sans cesse, vous anéantissez pour jamais mille accidents qui conduisent l'homme à des extrémités désespérantes. Je dis que, délivré de ce tyran, il est impossible, de toute impossibilité, que l'homme se porte à des forfaits, qu'il soit voleur, assassin, conquérant. Les lois qui autorisent la propriété, le punissent de ces crimes : ses remords même et ses craintes, enfants des préjugés du système de morale dans lequel il est élevé, l'en punissent encore. Mais le plus sévère châtiment du scélérat est le premier sentiment de *bienfaisance*, pour ainsi dire *innée;* cette voix intérieure de la nature, toute réduite qu'elle est chez les hommes à l'indifférente leçon de ne point nuire, a encore assez de force pour se faire vivement sentir au criminel.

Vous dites que chez la plupart des hommes, la crainte des châtiments, des supplices, ou présents ou futurs, arrête les actions dénaturées : que d'efforts, faibles mortels, pour empêcher que quelque furieux ne vous nuise! Tout cela serait inutile sans une ineffaçable *probité* que la Divinité a mise dans le cœur humain. L'homme de bien la chérit indépendamment de toute crainte, le scélérat la regrette même dans l'impunité; elle seule punit et réprime plus efficacement les crimes que les roues, les gibets: *Ille (Deus), legis hujus inventor, disceptator, lator : cui qui non parebit, ipse se fugiet, ac naturam hominis aspernabitur ; atque hoc ipso luet maximas pœnas, etiamsi cætera supplicia, quæ putantur, effugerit... suum quemque scelus agitat, amentiaque afficit: suæ malæ cogitationes, conscientiæque animi terrent; hæ sunt impiis assiduæ domesticæque furiæ* (1). Il est entré dans le plan de la Providence que les lois humaines qui auraient imprudemment occasionné la violation des sentiments naturels, joindraient leurs rigueurs au pouvoir affaibli de ces sentiments, et qu'elles répareraient ainsi les pertes qu'elles leur font souffrir: ces sentiments eux-mêmes, après la chaleur de l'action

(1) Cic. *de Rep.*, lib. 3; *de Legib.* 1. 14.

dénaturée, reprennent toutes leurs forces, et sont autant d'Euménides terribles qui aident les lois humaines à punir le crime. Ainsi, comme un choc est détruit par un autre choc, l'imprudence des causes libres occasionne les crimes; les suites de la même imprudence servent à détruire ces funestes effets : la violence est anéantie par la violence ; il n'en reste plus rien que de purement idéal pour la créature que ces rapports peuvent intéresser.

Véritable cause des contrariétés de l'esprit et du cœur.

Si on considère les actions des hommes que l'on nomme simplement *vices*, et qui ont un moindre degré de méchanceté que les actions dénaturées, à combien, grand Dieu! de pratiques puériles, bizarres et risibles n'a-t-on pas attaché l'idée morale de *bonté* et de *méchanceté?* Ces choses qui ne tiennent par rien du tout à la nature, qui la gênent même et la contrarient, ont cependant trouvé tant de crédit sur l'esprit des hommes, qu'ils en ont souvent fait des ordres divins. Quand il arrive que la nature, malgré l'esprit, secoue un joug inutile, peut-on traiter sa résistance de révolte ; peut-on dire que la volonté de l'homme le porte au vice malgré les lumières de l'esprit? Ces prétendues clartés ne sont, en effet, que de ténébreuses bluettes, et il n'est pas étonnant alors si la nature, plus sage et plus forte par ses sentiments, met si souvent la volonté en contradiction avec l'esprit, et semble se moquer de ses leçons.

C'est là précisément le nœud gordien de nos raisonneurs moralistes. Le cœur de l'homme, disent-ils, est un labyrinthe impénétrable dont on ne peut connaître les replis : ce n'est qu'un composé monstrueux d'éléments contraires qui se font une guerre perpétuelle. A quoi lui sert la raison, si, malgré ce guide, il bronche à chaque pas; si on le voit, à chaque instant, agir contre ses opinions, contre les principes dont il semble le plus fortement persuadé; si enfin rien n'est plus inconséquent que l'homme dans sa conduite?

Video meliora proboque, deteriora sequor.
OVID.

La raison en est toute simple; c'est que dans mille occasions vos préjugés, vos erreurs, vos folles opinions, s'opposent aux sages impressions de la nature; le cœur en sent les indications promptes et sûres, et semble se rire du vain pédantisme de l'esprit qui voit faux.

Qu'on rassemble, après cela, toutes les inepties satiriques ou élégiaques que les stoïciens anciens et modernes, que les Pascal, les Malebranche, les Duguet, et quelques uns de nos meilleurs poëtes, ont débitées contre l'humaine espèce; qu'on les examine selon nos principes, on verra que partie de ce qu'ils lui reprochent sont des puérilités, des misères, et on connaîtra du reste à quoi il tient que l'homme ne se corrige de ce dont on peut justement le blâmer; on comprendra pourquoi ces censeurs extravaguaient si sagement, enfin comment et depuis quand,

Loin que la raison nous éclaire,
Et conduise nos actions,
Nous avons trouvé l'art d'en faire
L'orateur de nos passions.
C'est un sophiste qui nous joue,
Un vil complaisant qui se loue
A tous les fous de l'univers;
Qui s'habillant du nom de sages,
La tiennent sans cesse à leurs gages
Pour autoriser leurs travers.

ROUSSEAU.

C'est précisément par un semblable abus de la raison que la plupart de nos mélancoliques enthousiastes déclament contre l'homme, aussi bizarres, aussi indéfinissables eux-mêmes que celui qu'ils décrient ; ils font cependant quelquefois la grâce à cette créature infortunée, pour la consoler, de lui dire, avec un de nos poëtes célèbres :

> Malgré l'épaisse nuit sur l'homme répandue,
> On découvre un rayon de sa gloire perdue :
> C'est un roi qui du trône en la terre jeté,
> Conserve sur son front un air de majesté.
>
> RACINE *fils*.

Ne voilà-t-il pas une riche et utile découverte ?

Combien nos principes sont éloignés d'autoriser le vice ou le crime.

Il faut des mœurs, une police, des lois, un gouvernement; tout le monde le dit, et je ne le soutiens pas avec moins de zèle : c'était dans la nature qu'il en fallait puiser les règles ; mais elle était sujette à se corrompre ; les passions humaines étaient un feu qui pouvait devenir incendie : eh bien, il fallait en écarter les matières combustibles. La raison humaine (et, sans cela, à quoi nous servirait ce guide ?) est faite pour connaître et suivre les procédés de cette nature ; ses lois primitives, toutes sages qu'elles sont, ne suffisent point pour gouverner les hommes, je l'avoue ; mais ce n'est que tant que ces lois demeurent vagues et indéterminées : les recueillir, les assembler, y mettre de l'ordre, de la conséquence, en fixer les décisions, c'est l'ouvrage de la raison, de l'art. Ainsi, comme ce qui corrompt la nature n'est plus elle, comme ses vrais sentiments, ses véritables indications cessent où commence toute violence; de même toute institution qui sort de ses principes, qui bâtit sur de fausses positions, qui prend pour nature ce qui ne l'est pas, n'est plus un art qui puisse imiter et suivre pas à pas cette sage maîtresse, c'est une misérable et aveugle routine; ce n'est que cette cacophonie que j'attaque dans cet ouvrage.

Qu'on ne m'accuse donc point d'autoriser le crime par des principes qui font disparaître tout mal moral, qui affranchissent l'homme de toute crainte, de tout remords. Rien ne serait plus évidemment calomnieux que cette accusation, puisqu'il n'y a pas un de mes raisonnements, pas une de mes maximes qui, loin de favoriser aucune action dénaturée, ne tende, au contraire, à anéantir tout scélératisme, et à le rendre même inconcevable.

En indiquant la cause première de tous forfaits et les moyens de la détruire, je substitue à une impuissante crainte, à d'inutiles remords, les vrais moyens de rendre le crime impossible, d'en inspirer une horreur insurmontable, et enfin de restituer la créature à sa bonté, à sa probité naturelle.

Quand je dis qu'il n'y a nul mal moral en présence de la Providence, qu'elle ne s'irrite point du crime, qu'elle ne le punit pas comme nous l'imaginons par comparaison avec nos procédés, je dis aussi que sa sagesse permet que, par des conséquences infaillibles de l'ordre établi dans le moral, c'est-à-dire, dans les actions des hommes, il arrive toujours que ce qui nuit à ces créatures, est réprimé par des maux pareils. Point de crimes sans punition, mais aussi plus de crimes après les derniers châtiments.

Si j'établis que l'idée d'un être infiniment parfait, infiniment bon, exclut absolument celle d'un vengeur obstiné dont les rigueurs perpétueraient le mal, c'est que cette idée ne peut convenir qu'à la créature qui, sujette à l'offense, ne peut s'en garantir que par la crainte et la terreur. C'est à se mettre hors de toute insulte que la vengeance trouve du plaisir dans les tourments du coupable. Que serait un être inaccessible à toute offense qui se plairait à ce cruel exercice ?

Criez tant qu'il vous plaira, imposteurs ou fanatiques, qui avez intérêt de nous persuader des chimères ; vos vains raisonnements ne pourront jamais étouffer cette vérité aussi évidente que le premier axiome de mathématique : *Si la suprême puissance est unie, dans un être, à une infinie sagesse, elle ne punit point, elle perfectionne ou anéantit.* Choisissez.

Tout est bien dans l'univers. Dieu a permis qu'à côté et assez près de ses lois immuables, l'humaine raison, cette déité créée, érigeât les siennes, et qu'elle fût elle-même créatrice du monde moral dont le mécanisme allât suffisamment bien pour l'état présent et passager de l'humanité, de même que la maison suffit pour la durée de celui qui la bâtit ou l'habite.

Je ne blâme vos constitutions, vos préceptes, mortels qui voulez vous mêler d'instruire les hommes, que parce que vous leur débitez ces leçons comme d'éternelles vérités. Contentez-vous qu'on vous les passe pour des conséquences hypothétiquement vraies, relativement aux systèmes qu'enfanta l'imagination de vos premiers maîtres.

Vous, ineptes discoureurs sur les décrets éternels de la Providence, qui prétendez en accorder la sagesse infinie avec ce que vous voyez de monstrueux dans les humaines résolutions, les impertinences dont vous remplissez nos bibliothèques sont au-dessous de toutes puérilités. A quelles extravagances, grand Dieu ! ne vous faut-il pas recourir pour justifier la conduite peu raisonnable que vous prêtez à la raison infinie ? Mais je n'entre point en discussion sur ce sujet ; je me contente de vous dire, comme Sénèque : *Quid interest utrum Deum neges, an infames?* Pourquoi, après cela, reprochez-vous aux païens leurs risibles divinités ? Ne pourraient-ils pas prendre leur revanche avec avantage ?

J'ai fait voir en quoi précisément consiste et le bien et le mal moral, je passe à l'examen des causes de la corruption des actions humaines.

Principal motif de toute action humaine, et principe de toute harmonie sociale.

Il est incontestable que le motif ou la fin de toute action humaine, est le désir d'être heureux ; il n'est pas moins certain que ce désir est l'effet d'une propriété essentielle d'un être destiné à connaître qu'il existe, et à veiller lui-même à sa propre conservation, en un mot, ce désir est un effet de notre sensibilité. Or, il faut que pour nous mettre promptement et efficacement en devoir d'obéir à ses lois, cette sensibilité nous fasse d'abord sans délibération, sans examen, rapporter tout à nous-mêmes, et imaginer que tout est fait pour nous, et que sans nous tout ce qui existe serait inutile ; elle seule peut permettre à l'homme de dire, comme l'empereur Tibère :

Me misceatur igne terra mortuo.

Mais c'est de la force, de la véhémence même de ce sentiment, que la Providence tire le principe de toute harmonie sociale. J'ai déjà fait voir que ce mouvement est à peu près dans la créature sensible qui se trouverait unique de son espèce, ce qu'est le mouvement local imprimé à un seul corps qui, disent les physiciens, abandonné à lui-même, parcourrait toujours une ligne droite. Bref, la sensibilité est en nous ce qu'est le mouvement primitif imprimé à la matière, et qui bientôt perd son uniformité pour donner naissance à la variété des plus belles combinaisons entre les corps. C'est sur des règles presque toutes semblables que la Divinité a construit et gouverne le monde moral; mais quittons des comparaisons qui ne sont pas à la portée de tout lecteur.

L'homme veut toujours et invinciblement être heureux; son impuissance l'avertit sans cesse qu'il ne le peut être sans communication de secours; il est aussi informé qu'il est une infinité d'êtres possédés du même désir que lui; il est à chaque instant convaincu que son bonheur dépend de celui des autres, et que la *bienfaisance* est le premier et le plus sûr moyen de sa félicité première, et le plus sûr moyen de sa félicité présente. Tout semble lui crier : *Tu veux être heureux, sois bienfaisant. Sans t'embarrasser d'abord de qui tu tiens l'être, apprends que tu ne peux en jouir sans être bienfaisant. Veux-tu t'élever à la connaissance de ton Auteur? sois bienfaisant.*

Pourquoi, sourd à ces conseils, en écoute-t-il de diamétralement opposés à sa félicité?

C'est que la morale vulgaire, ainsi que la politique, a renversé et corrompu la plupart des idées, aussi bien que l'ordre et la succession de ces idées.

Tâchons donc de reconnaître et de suivre les véritables traces de la nature, de découvrir ce qui a pu interrompre ses procédés, en troubler le succès; indiquons les vrais moyens de réparer ces désordres.

Véritable succession et progrès des idées morales; hypothèses qui les prouvent.

Je dis : 1° que dans l'ordre naturel, l'idée de *bienfaisance*, soit *active* ou *passive*, précède toute autre idée, et celle même de la Divinité; 2° que cette idée est la seule qui élève les hommes à celle d'un Dieu, plus tôt et plus sûrement que le spectacle de l'univers ; 3° que la bienfaisance nous donne de la Divinité une idée vraiment digne de la grandeur de son objet ; 4° elle seule perfectionne généralement toutes les facultés de la raison, et les occupe de leur véritable emploi ; 5° que l'idée de la Divinité ne se corrompt dans l'homme qu'à mesure que celle de bienfaisance dépérit ; 6° je dis que l'idée grossière d'une *bienfaisance* n'est point une idolâtrie : on ne peut donner ce nom qu'à l'idée qui nous représente un Dieu comme également occupé à nuire et à faire du bien ; 7° que toute morale qui donne cette idée de la Divinité, et y fonde sa doctrine, est une morale absolument vicieuse.

La bienfaisance est le premier principe de l'idée d'une Divinité.

Premièrement, la seule idée de *bienfaisance* nous élève à celle d'une Divinité plus promptement et plus sûrement que l'aspect de l'univers : cette vue nous touche d'abord si peu, que nous en jouissons sans soupçonner qu'il ait de cause, et sans nous soucier beaucoup de nous en informer.

Il est, dans nos premiers ans, une infinité de choses plus près de nous que les ornements, que l'enceinte, que le lieu même de notre demeure ; les premiers objets qui nous affectent agréablement sont comme nos premières divinités.

Première hypothèse, où l'on explique comment l'idée de la Divinité se forme, se développe et se perfectionne.

Or, supposons pour un instant que rien ne puisse nous nuire ou s'opposer au moindre de nos désirs ; qu'au contraire, tout les prévienne; nous aurions l'idée de quelque chose de bon, sans avoir encore celle d'un premier principe bienfaisant. Voici, dans cette hypothèse comme dans toute autre, comment nous y parvenons.

La réflexion seule sur les sentiments naturels, fait éclore l'idée d'une Divinité.

Des sentiments, réitérés par la fréquentation de plusieurs objets, éveillent la mémoire et donnent lieu à la comparaison, et celle-ci ouvre, pour ainsi dire, les portes du discernement et de la réflexion. Nous commençons alors à juger des qualités des objets les plus prochains; nous leur donnons, par gradation, les titres de *beaux*, de *bons*, de *meilleurs*.

Le sentiment, le souvenir, marchant tous deux ou séparément, ou de compagnie avec la réflexion, comparent avec elle le présent au présent, ou celui-ci au passé; observent les nuances, les degrés des qualités des objets; y en découvrent qui n'avaient point été aperçues; passent d'un sujet à un autre, et de celui-ci à de plus éloignés. Ainsi les facultés de l'entendement montent, par cette progression, aux premières notions de l'*Excellence*, et par une succession de nouvelles idées que celle-ci enfante, élèvent enfin l'homme à l'idée d'un *Etre infiniment bon*.

Le spectacle de l'univers ne fait qu'étendre l'idée de la Divinité.

Ce n'est point, comme le prétendent la plupart des philosophes, le spectacle de l'univers, ni les réflexions sur notre contingence et la sienne, qui nous mènent à l'idée de quelque chose de divin; ces remarques aident, à la vérité, à perfectionner cette idée; mais quand le discernement nous les fait faire, nous avons déjà l'idée d'une *bienfaisance* en général : c'est donc elle seule que notre sensibilité prend pour guide; c'est donc elle qui nous élève à l'idée générale d'un *Etre bienfaisant* : d'autres idées sont comme des milieux qu'elle traverse, et dont elle prend des teintes qui la perfectionnent

Il est donc prouvé que l'idée de *bienfaisance*, dans ce système comme dans tout autre, doit être la base et le principe de celle d'une Divinité.

Il est prouvé de plus que l'homme, dans un état constant d'*innocence* et de *bonheur*, ne peut avoir d'autres idées de la Divinité que celle d'un *Etre infiniment bon*, et que cette excellente cause n'aurait voulu être connue de la créature que sous ce seul et unique titre; qu'elle ne voudrait aussi être que le dernier objet des connaissances humaines dans l'ordre de la perception des idées, dans la progression du moins au plus, et du plus à l'infini : nouvel effet admirable de cette bienfaisance suprême, qui ne se rend accessible à l'esprit humain que par des degrés si intéressants !

Par quels degrés l'idée d'une Divinité se perfectionne.

Ce que nous venons de dire conduit naturellement à faire cette question. Les hommes, dans cette hypothèse, auraient-ils tous une idée également sublime de la Divinité? Je dis que cette idée aurait ses degrés proportionnés aux esprits plus ou moins cultivés, plus ou moins susceptibles de culture; il pourrait même arriver, et il arriverait effectivement, que tel homme borné à des idées grossières de *bonté*, croirait que la Divinité résiderait dans ce qu'il estimerait de meilleur, tandis qu'un autre, instruit par plus d'expérience, ou doué de plus de sagacité, s'élèverait infiniment plus haut.

Ainsi dans ce système, à proportion qu'une nation perfectionnerait ses connaissances par l'épreuve et l'usage d'un plus grand nombre de choses agréables et utiles, plus elle deviendrait industrieuse et spirituelle, et plus elle s'éloignerait des idées informes et grossières que d'autres nations auraient encore de la Divinité.

Seconde hypothèse dans laquelle l'idée d'une Divinité acquiert de nouveaux degrés de perfection.

Mettons la créature sensible aux bienfaits dans d'autres situations qui lui en fassent encore mieux sentir l'importance; plaçons l'homme dans des positions qui lui donnent lieu d'étendre encore ses idées relatives par un plus grand nombre de comparaisons, qui lui fassent comprendre la nécessité de l'existence d'une cause bienfaisante, et combien il lui importe de l'être lui-même : considérations qui, par conséquent, étendent chez lui, avec les limites de ses conceptions, l'idée d'une Divinité autant qu'elle peut l'être.

Supposons donc l'homme dans un état de parfaite innocence, dans un état tel qu'il n'y ait que des êtres purement inanimés qui puissent nuire à son existence ou à son bien-être; de façon cependant qu'il pût s'en garantir tantôt seul, tantôt à l'aide de ses semblables, qu'il trouverait toujours disposés à le secourir, qu'il verrait s'intéresser avec lui à sa conversation et à ses plaisirs.

Je dis, premièrement, que dans cette seconde supposition, l'homme acquerra l'idée d'une Divinité bienfaisante, par les mêmes degrés que dans l'hypothèse précédente; mais cependant avec cette différence, que les accidents fâcheux auxquels la cause première l'aura laissé sujet, l'avertiront que les intentions de la Providence sont que la créature soit elle-même bienfaisante; avec cette différence encore, que dans la supposition précédente, l'homme n'aurait presque qu'une idée purement passive de *bonté;* et dans celle-ci, outre l'idée du bienfait reçu, il apprendrait à connaître par lui-même ce que c'est qu'être bienfaisant. Alors la créature aurait quelque idée de ressemblance entre elle et la Divinité; et comme ses qualités la disposeraient à s'estimer la plus parfaite, la plus aimable de toutes les créatures, elles la porteraient à croire que la cause première est autant au-dessus de l'humanité, que celle-ci s'estime au-dessus des autres êtres: donc, plus elle concevrait une haute idée de la bienfaisance en général, et plus elle aurait une idée sublime de la Divinité; plus encore l'industrie, la prudence qui aideraient la créature à se garantir des accidents passagers de cette vie, et plus aussi le plaisir de s'en être préservé, ajouteraient à l'idée d'un être infiniment bon. Par dessus tout cela, l'idée d'une infinie sagesse serait une conséquence de celle des mortels.

A l'égard des accidents fâcheux, la réflexion accoutumerait les hommes dans ce système, comme dans le nôtre, à les regarder plutôt comme des avis destinés à réveiller l'idée d'un bienfaiteur souverain, à rendre l'homme attentif à sa conservation, que comme de véritables maux. D'ailleurs, la raison leur ferait souvent remarquer que ces accidents ne sont nuisibles qu'à certains égards, et sont en général de fort bons effets.

On peut donc conclure que l'homme, dans ce second système, aurait encore des idées de la Divinité plus relevées que dans le premier.

Tout ceci prouve aussi ma quatrième proposition, que *la bienfaisance perfectionne les facultés de l'esprit par les sentiments du cœur.*

Il faut observer que dans les deux précédentes hypothèses, l'homme, avant que d'avoir aucune idée de Divinité, serait bienfaisant, pour ainsi dire, par l'instinct, sans y être déterminé par aucune crainte.

Il faut remarquer, en second lieu, que l'homme n'aurait que faire ni de lois, ni de morale, parce qu'il n'aurait aucun mal à redouter de la part de ses semblables.

Troisièmement, que n'attachant jamais l'idée de Divinité qu'à des choses qu'il estimerait bonnes, quand même son ignorance le porterait à prêter cette idée à quelque objet qui n'aurait rien de divin, ce serait moins une idolâtrie, que ne le sont chez nous les idées grossières du vulgaire.

Quatrièmement, que surtout dans la seconde hypothèse, l'homme aurait autant de goût à être bienfaisant qu'à être heureux; puisque n'étant supposé enclin à aucun défaut nuisible, il ferait de la bienfaisance une des meilleures portions de son bonheur.

Dans quel système l'idée de la Divinité pouvait se perfectionner de plus en plus, ou se corrompre.

Plaçons l'homme dans un troisième système qui est précisément celui dans lequel il se trouve.

Je dis que cet état, comme celui de l'hypothèse précédente, doit avoir tous les avantages que les hommes peuvent retirer de la nécessité de s'entre-secourir, en supposant qu'ils fussent demeurés soumis aux lois de la simple nature : on y trouve mêmes moyens de perfectionner les facultés de l'esprit et du cœur (1); mêmes moyens de perfectionner en nous l'idée d'une sagesse et d'une bonté infinie; même réciprocité entre la bienfaisance et le désir d'être heureux.

Mais malheureusement il était possible que ces heureuses dispositions changeassent, et que l'homme se nuisît à lui-même et à toute son espèce. Une seule chose pouvait causer ce renversement; tout prouve que c'était la *propriété*. L'homme pouvait connaître ce danger et s'en garantir : si cela fût arrivé, il est certain que la vue du précipice, et la simplicité des moyens qu'offrait la nature pour l'éviter, auraient encore produit dans la créature un nouveau degré d'admiration des bontés et de la sagesse divine, et l'auraient plus fortement attaché à ces seuls moyens d'être heureux.

(1) Une académie a demandé aux savants: *Si le rétablissement des arts et des sciences a contribué à épurer les mœurs.*

Dans les deux hypothèses précédentes, cette question serait bientôt résolue, aussi bien que dans celle-ci : en supposant que les nations n'eussent point été corrompues par la *propriété*, il est indubitable que l'étendue des connaissances n'eût fait qu'améliorer les hommes.

Je crois que ce corps célèbre a voulu se divertir en couronnant le hardi sophiste qui a soutenu la négative, et qu'il a voulu lui-même rire aux dépens de la raison, en prenant pour *corruption de mœurs* le juste mépris que les arts et les sciences nous ont appris à faire de quantité de fadaises; il a pris pour corruption de mœurs, des vices devenus moins grossiers, moins d'hypocrisie, moins de cette farouche et pédantesque morosité qui se gêne pour acquérir le droit de censurer le reste des hommes, plus d'aisance et de liberté dans le commerce de la vie. Il n'a pas vu, ou a négligé de voir que si les arts et les sciences, en instruisant les hommes des vrais agréments de la société, en bannissant la barbarie, en multipliant nos plaisirs, paraissent, à certains égards, avoir irrité la cupidité, ce n'est point que ces connaissances aient d'elles-mêmes cette propriété malfaisante, mais parce qu'elles se trouvent malheureusement mêlées avec le principe venimeux de toute corruption morale, qui infecte tout ce qu'il touche.

Mille accidents, au contraire, ont détaché les hommes de l'innocence et de la probité pour les porter au brigandage. Pourquoi, dira-t-on, la Providence a-t-elle permis un si fatal changement?

Je n'en sais rien; mais loin de la taxer, comme vous, d'avoir livré l'homme à des maux qu'elle pouvait empêcher, j'aime mieux dire, ou que ces maux ne sont rien à ses yeux, ou qu'ils ne sont que des accidents passagers, à travers lesquels une puissance, à laquelle rien ne résiste, a dessein de conduire le genre humain à un état constant de bonté.

Mon objet principal est ici de faire voir que les moralistes, aussi bien que les législateurs, ont négligé ou méconnu les moyens simples et naturels de ramener l'homme de ses premiers égarements : moyens qui subsistent toujours, malgré le mal; que, loin de les employer, ils ont semblé conspirer avec les vices à corrompre l'idée de *bienfaisance* et celle de la Divinité.

Comment la corruption des actions humaines s'est étendue sur l'idée de la Divinité; ce qu'il fallait faire pour l'arrêter.

Quand les accidents dont j'ai parlé dans la seconde partie ont eu éteint les *sentiments de consanguinité* chez les nations; quand les hommes ont cessé d'être bienfaisants, il était naturel que la corruption de leurs actions leur donnât l'idée d'une Divinité terrible et vengeresse, plutôt que bienfaisante. Il fallait que notre espèce devînt une vile esclave du plus honteux intérêt et de mille craintes chimériques; qu'une infinité d'erreurs grossières lui fissent imaginer voir toute la nature soulevée contre elle, aussi bien que ses propres sentiments; il fallait, enfin, que l'homme devînt à soi-même un objet d'horreur, et crût que sa propre cause devait concevoir de lui une semblable aversion ; il fallait encore que ses propres accès de fureur et de repentir, de pardon et d'offense, de pitié et de cruauté, de tendresse et de haine, d'orgueil et de bassesse ; en un mot, que ses vacillations perpétuelles entre l'injure et le bienfait lui fissent forger une Divinité semblable à lui-même. Je dis en passant que telle est la véritable origine d'une idolâtrie qui subsiste encore.

Peut-on excuser ceux qui prétendaient remédier à ces maux, je veux dire les premiers réformateurs, et après eux les premiers moralistes, de s'être précisément servi de toutes les idées monstrueuses qu'avaient conçues les nations pour établir leurs lois ou leurs dogmes ?

Lorsque les peuples, las de leurs propres forfaits, commencèrent à soupirer après les douceurs de la sociabilité, et à se soumettre aux ordres et aux conseils de ceux qu'ils croyaient capables de la rétablir, n'était-il pas facile de leur faire connaître et de leur inspirer de la haine pour la première cause de tous leurs maux, la *propriété ?* Il n'était pas besoin de longs raisonnements pour faire comprendre au vulgaire, même le plus grossier, la nécessité de la proscrire pour jamais. Cela aurait-il été plus difficile à certains législateurs que de dicter des lois terribles ? Point du tout : au lieu de ramener, par cet heureux expédient, l'homme à sa bienfaisance naturelle, dont ses malheurs récents lui faisaient sentir tout le prix ; au lieu de le fixer dans cet état heureux, ils n'ont fait, pour ainsi dire, que le suspendre entre ce point d'appui et le précipice.

Mais ces réformateurs, entichés des mêmes erreurs que leurs peuples, pouvaient-ils s'empêcher d'en suivre le torrent ? Pouvaient-ils tout à coup reconnaître la véritable cause du mal ? C'était, sans doute, beaucoup pour eux que d'appliquer au hasard quelques topiques. Si leur ignorance les excuse, peut-on pardonner aux prétendus sages qui les ont suivis d'avoir renchéri sur leurs méprises, et d'en avoir fait les fondements de leurs arts et de leurs préceptes? Le temps et l'expérience ne devaient-ils pas instruire ces derniers des défauts des premières lois? Ils auraient reconnu, pour peu qu'ils eussent fait attention, que toutes les fausses idées de biens et de maux, attachées à des objets chimériques, ne produisaient que de vaines craintes, de vaines espérances, qui, loin de porter les hommes à de bonnes actions, loin de les contenir dans le devoir, n'en faisaient que corrompre et affaiblir les motifs; ils devaient remarquer que toujours l'esprit de propriété et d'intérêt, qui dispose chaque individu à immoler à son bonheur l'espèce entière, serait toujours victorieux de la terreur des châtiments les plus terribles.

Causes remarquables de la corruption des actions humaines que les philosophes ont négligé d'observer.

Est-il possible que, depuis qu'il y a des philosophes, il semble qu'aucun d'eux n'ait voulu ni observer ni reconnaître la cause sensible et frappante de quelques-uns des principaux phénomènes moraux.

I. Les nations les plus méchantes sont les plus superstitieuses.

Premièrement, qu'on remarque que les nations les plus féroces, les plus adonnées, soit au brigandage, soit à l'intérêt du commerce, étant les plus disposées aux crimes, ont presque toujours eu les lois et les divinités les plus terribles : exemple, les Tyriens, les Sidoniens, les Carthaginois, quelques peuples de la Germanie, des Gaules, de l'Espagne, etc.

Sur cette observation, il était aisé de conclure, en général, que les hommes les plus disposés à être méchants, sont ordinairement ceux qui ont le plus de penchant à concevoir l'idée d'une Divinité terrible, et que dès qu'ils ont imaginé dans cette idole effrayante à peu près les mêmes inclinations pour les richesses, pour les dons, pour le sang, le carnage et la proie, que chez les hommes, voilà ceux-ci dispensés de tous ménagements envers leurs semblables; les voilà relevés de toute crainte, parce qu'au moyen de quelques présents, de quelques sacrifices, ils croient facile d'apaiser ces divinités avares. Ainsi, chez ces peuples barbares, nuls motifs de bonnes actions que la crainte des hommes, qui fait avoir recours à la fourberie, ou celle des dieux, auxquels on rend un culte qui n'améliore ni la condition des mortels ni leur cœur.

On pouvait encore remarquer que partout où règne le despotisme, paraissent les mêmes symptômes; ce sont précisément les mêmes erreurs, les mêmes préjugés qui ont corrompu chez les hommes l'idée de l'Etre suprême, et en ont fait le plus terrible et le plus redoutable de tous les êtres. Qui ne voit, dis-je, que ces fausses idées ont aussi fait de plusieurs souverains les plus cruels tyrans, et que, réciproquement, le fantôme effrayant de leur monstrueux pouvoir a corrompu l'idée de la Divinité. Musulmans, c'est d'après ce modèle qu'est copié le tableau bizarre que votre prophète vous fait du Souverain de l'univers : vos docteurs vous entretiennent dans ces opinions; leur avarice et leur ambition y trouvent leur compte.

II. Chez quelles nations les pratiques superstitieuses corrompent les actions morales.

Secondement, si nos sages eussent voulu reconnaître

ce qui commence à corrompre les motifs de bienfaisance, ou, au contraire, ce qui peut contribuer à en rétablir l'intégrité; s'ils eussent voulu découvrir le point vacillant entre la corruption et l'innocence, ce qui partage l'homme entre les vrais devoirs de l'humanité et quantité de pratiques minutieuses qualifiées du nom de bonnes actions, qui l'empêchent de nuire sans le rendre bienfaisant, et le tiennent comme suspendu entre ces deux partis, ils n'avaient qu'à jeter les yeux sur des peuples gouvernés par des lois, une morale pour ainsi dire mi-partie d'espérance et de crainte; ils auraient facilement aperçu que ce funeste équilibre est celui d'une nation, ou prête à retomber dans la barbarie, ou prête à se rapprocher des lois de la nature, si elle est assez heureuse pour saisir l'instant favorable.

III. Caractère des nations les plus humaines.

Un troisième phénomène très-remarquable, c'est que par toute la terre les nations les plus humaines, les plus douces, ont toujours été celles chez lesquelles il n'y a presque point eu de propriété, ou celles qui ne l'ont point encore universellement établie; les nations, par conséquent, les plus désintéressées et les plus bienfaisantes, au moins envers leurs citoyens. Il n'est pas moins remarquable que ces nations n'adoraient, pour la plupart, que des choses qu'elles imaginaient divines, parce qu'elles les éprouvaient bienfaisantes, comme le soleil, les astres, les éléments, et que chez elles il n'y avait que peu ou point de prêtres. Si les notions d'une Divinité pouvaient mieux se perfectionner chez ces peuples que chez tout autre, sans changer leurs mœurs, ne doit-on pas inférer qu'il en serait de même à tous égards des nations qui rentreraient dans cet état heureux ? et nos sages pouvaient-ils méconnaître les vrais moyens de les y ramener ? Pouvaient-ils ne pas sentir les défauts de leurs systèmes de morale ?

IV. Quels sont ordinairement les plus méchants de tous les hommes ?

Une quatrième observation générale, c'est que comme partout, les hommes les plus méchants, sont les plus intéressés, les plus avares, les plus fourbes, sont ceux qui cherchent et inventent plus de prétextes de se dispenser des devoirs de la bienfaisance ; sont ceux qui détournent, avec plus d'adresse, l'idée de ces devoirs sur des choses qui n'apportent aucun bien réel ou moral à l'humanité ; qui érigent en actions importantes des pratiques superstitieuses, et font valoir, comme de grands services, la peine qu'ils prennent de dresser les hommes à ce manége; puisque, dis-je, on peut dire que ceux qui en agissent ainsi pour s'attirer nos respects, notre vénération, pour se procurer toutes les aisances d'une vie molle et oisive, bien plus encore, pour dominer sur le reste des hommes, sont les plus méchants et les plus corrompus ; que l'on examine de quels personnages ces vices ont toujours formé l'odieux caractère; on verra que chez toutes les nations il a toujours fait la marque distinctive de ceux qui se sont appliqués à donner aux hommes les plus monstrueuses idées de la Divinité : ces gens s'en disent les amis, les ministres; que cette opinion est pour eux une source abondante de biens ! Que ne devons-nous pas à ces demi-dieux (1) ? N'est-il pas conséquent, que toute

(1) Voyez ce pontife, cet anachorète, assidu courtisan de la Divinité ; il ne tarde pas, quelque mine qu'il fasse, de s'imaginer en être

bienfaisance, toute humanité cesse dans les cœurs de ceux qui corrompent, ou aliènent les motifs de toutes bonnes actions, qui en détournent, en interrompent l'usage, ou ne l'appliquent qu'à des inutilités, et savent profiter de cette corruption pour tyranniser les mortels?

Ce qu'il fallait conclure des observations précédentes.

N'était-il pas facile, après toutes ces observations, de conclure que *la véritable bienfaisance est fille de l'amour de notre être, dégagé de toute crainte, de toute espérance erronée ou frivole?* Expliquons ceci.

De quelle sorte de crainte ou d'espérance la bienfaisance ne doit point dépendre.

Je dis que la bienfaisance doit être indépendante de toutes ces craintes, de toutss ces espérances erronées, et qui néanmoins, par la force des préjugés, excitent chez les hommes les passions les plus violentes et les plus nuisibles. Il y a encore d'autres craintes, d'autres espérances fondées sur de fâcheuses réalités, qui ne pourraient troubler notre repos, si l'homme était constamment bienfaisant, et dont, par conséquent, cette bonne qualité ne dépend pas, non plus que des premières.

Voici, au contraire, comme les éléments ou les premières leçons de cette aimable pratique. Il est des inquiétudes de la nature, des penchants doux qui nous excitent à tra-

un des principaux favoris: or, un des principaux favoris de la Divinité est une personne sacrée; une personne sacrée mérite les respects du reste des mortels; elle est l'interprète des ordres du ciel. Combien de conséquences favorables à l'amour-propre!

vailler à notre conservation, sans troubler celle des autres, et sans nous affliger nous-mêmes. J'ai faim, j'ai soif, je désire satisfaire ces besoins; *j'espère* d'en trouver les moyens; mon espoir ne sera point frustré; je trouverai sûrement quelqu'un qui m'aidera; mon bien n'est que différé, mais certain : voilà une sorte d'*espérance* qui excite en moi des dispositions à rendre les mêmes services.

J'aperçois quelque chose de nuisible, je la fuis, je l'évite; on vient à mon secours : voilà encore une *crainte* salutaire, mais qui n'est causée par aucune créature raisonnable, et qui ne peut me porter moi-même à rien de nuisible contre elle. L'un de ces sentiments rend l'homme bienfaisant, et l'autre ne peut le rendre vicieux.

Jamais, au contraire, une espérance agitée des soucis de l'incertitude, une crainte effrayante, soit de manquer de tous secours humains, ou de n'éprouver que des disgrâces de la part des méchants, ne peut disposer l'homme à une véritable bienfaisance; et c'est dans ce sens que je dis qu'elle ne peut naître ni de l'espérance, ni de la crainte.

De tous ces raisonnements fondés sur l'expérience, il faut conclure que, pour rétablir la *probité* naturelle de l'homme dans toute son intégrité et sa vigueur, la morale devait, par tous autres préceptes que ceux qu'elle emploie ordinairement, travailler à rendre l'homme bienfaisant, indépendamment de toute autre considération que de son vrai bonheur. On peut donc justement lui reprocher de corrompre ce tout-puissant motif.

Par où la morale devrait commencer ses instructions.

En effet, pourquoi, par exemple, dès ses premières leçons, faire l'homme esclave des volontés d'un maître qu'il doit être supposé ne pas connaître encore, et qu'il ne doit apprendre à connaître, qu'en apprenant à être heureux? *Hommes, soyez bienfaisants; Dieu le veut, Dieu l'ordonne.* Beau début, plaisante exhortation! Apprenez-leur ce que c'est qu'être bienfaisants; les moyens d'y réussir, les avantages qui leur en reviennent; laissez là l'idée de la Divinité; elle n'a que faire de vos leçons pour éclore; vous ne faites que la gâter, en vous efforçant de la prématurer; contentez-vous de faire, que quand même cette idée ne serait jamais conçue, l'homme n'en fût pas moins disposé à mettre son souverain bonheur à faire du bien. Ne craignez pas qu'il demeure un athée; jamais le bonheur, ni l'innocence, ne portèrent personne à l'athéïsme. L'idée d'une Divinité doit naître chez les hommes, des préceptes persuasifs et des moyens sûrs d'être bienfaisants.

Si une créature bienfaisante et sensible au bienfait est naturellement portée à concevoir du respect et de l'amour pour la cause première de tous biens; si ces sentiments font croire aux hommes que la Divinité est touchée des marques de leur reconnaissance; si, en un mot, il faut un culte qui entretienne chez les nations l'idée d'un être infiniment bon et sage, c'est-à-dire, des démonstrations, des signes extérieurs par lesquels l'homme semble se dire tout haut à soi-même et aux autres, ce que ces idées lui disent intimement; il est évident que les seules cérémonies de ce culte sont toute action bienfaisante, générale ou particulière, et que le plus digne hommage que l'homme puisse rendre à la Divinité, consiste à l'imiter, et non en de stériles éloges des grandeurs du Tout-Puissant, oiseusement marmotés.

Pour rendre le véritable culte incorruptible, il fallait avertir l'homme de se défier généralement de tout ce qui pouvoit le porter à revêtir la Divinité de quelque attribut redoutable ; il fallait l'écarter de toute comparaison toujours basse et puérile de l'immortel, fût-ce avec la meilleure créature : c'était à ces marques frappantes qu'il fallait l'habituer à reconnaître la fausseté indubitable de toute opinion sur ce sublime sujet.

Conclusion de cette dissertation.

Je termine cette dissertation par ces aimables vérités. Je crois en avoir suffisamment écarté les ténèbres de l'erreur, pour en rendre l'évidence incontestable.

J'ai fait des efforts pour trouver la solution du problème que je propose dès le commencement de cet ouvrage. C'est, je le répète, *de trouver une situation dans laquelle l'homme soit aussi heureux et aussi bienfaisant qu'il le peut être en cette vie*. Qu'il étende ou non ses espérances au-delà de son état présent, il faut rendre sa bonté morale indépendante de tout espoir futur, et qu'elle soit le motif et l'objet de son bonheur présent. J'indique pour cela le coup qu'il faut porter à la racine de tous les maux; de plus habiles que moi réussiront, peut-être, à persuader ; mais personne ne s'intéressera plus vivement au vrai bien de l'humanité.

Voici une autre vérité qu'il n'appartient qu'à vous, mortels faits pour régir les nations, de réduire en pratique. Voulez-vous bien mériter du genre humain en établissant le plus heureux et le plus parfait des gouvernements ?

O quisquis volet impias
Cædes, et rabiem tollere civicam;
Si quæret pater urbium,
Subscribi statuis.....

HORAT. Lib. III, Ode 24.

Réformez les défauts de la politique et de la morale sur les lois de la nature; pour y réussir, commencez par laisser pleine liberté aux vrais sages d'attaquer les erreurs et les préjugés qui soutiennent l'esprit de propriété : ce monstre terrassé, faites que l'éducation fortifie cette heureuse réforme; il ne vous sera plus difficile de faire adopter à vos peuples des lois à peu près pareilles à celles que j'ai recueillies d'après ce qu'il m'a paru que la raison peut suggérer de mieux aux hommes pour se préserver de devenir méchants.

QUATRIÈME PARTIE.

MODÈLE DE LÉGISLATION CONFORME AUX INTENTIONS DE LA NATURE.

Je donne cette esquisse de lois par forme d'appendice, et comme un hors-d'œuvre, puisqu'il n'est malheureusement que trop vrai qu'il serait comme impossible, de nos jours, de former une pareille république.

Tout lecteur sensé jugera sur ce texte, qui n'a pas besoin de longs commentaires, de combien de misères ces lois délivreraient les hommes. Je viens de prouver qu'il eût été facile aux premiers législateurs de faire que les peuples n'en eussent point connu d'autres; si mes preuves sont complètes, j'ai rempli mon objet.

Je n'ai pas la témérité de prétendre réformer le genre humain, mais assez de courage pour dire la vérité, sans me soucier des criailleries de ceux qui la redoutent, parce qu'ils ont intérêt de tromper notre espèce, ou de la laisser dans des erreurs dont ils sont eux-mêmes les dupes (1).

(1) Cette quatrième partie que l'auteur appelle un hors-d'œuvre n'est pas en général rédigée avec autant de soin que les trois premières; elle contient, à côté de lois fort justes, quelques articles qu'on désirerait ne pas trouver dans un ouvrage si éminent. Du reste

Lois fondamentales et sacrées qui couperaient racine aux vices et à tous les maux d'une société.

I.

Rien dans la société n'appartiendra singulièrement ni en propriété à personne, que les choses dont il fera un usage actuel, soit pour ses besoins, ses plaisirs, ou son travail journalier.

II.

Tout citoyen sera homme public, sustenté, entretenu et occupé aux dépens du public.

III.

Tout citoyen contribuera pour sa part à l'utilité publique, selon ses forces, ses talents et son âge ; c'est sur cela que reront réglés ses devoirs, conformément aux lois *distributives*.

Lois distributives ou économiques.

I.

Pour que tout s'exécute dans un bel ordre, sans confusion, sans trouble, toute une nation sera dénombrée et divisée par *familles,* par *tribus* et par *cités*, et si elle est fort nombreuse, par *provinces*,

II.

Chaque tribu sera composée d'un nombre égal de

l'auteur, en conseillant de faire adopter des lois *à peu près pareilles* à celles qu'il propose, laisse à l'ingéniosité des codificateurs le soin d'en trouver de plus conformes à *l'esprit* de sa doctrine, renfermé dans l'admirable dissertation qu'on vient de lire. —V.

familles, chaque cité d'un nombre égal de tribus, ainsi du reste.

III.

A mesure que la nation croîtra, les tribus, les cités seront augmentées à proportion ; mais seulement jusqu'à ce que de cette augmentation on puisse former de nouvelles cités aussi nombreuses que les autres. *Voyez les lois édiles V, et conjugales XII.*

IV.

Le nombre *dix* et ses multiples seront les termes de toute division civile de choses ou de personnes, c'est-à-dire, que tous dénombrements, toute distribution par classes, et toute mesure distributive, etc., seront composés de parties décimales.

V.

Par *dizaines, etc.*, par *centaines, etc.*, de citoyens, il y aura pour chaque profession un nombre d'ouvriers proportionné à ce que leur travail aura de pénible, et à ce qu'il sera nécessaire qu'il fournisse au peuple de chaque cité, sans trop fatiguer ces ouvriers.

VI.

Pour régler la distribution des productions de la nature et de l'art, on observera, premièrement, qu'il en est de *durables*, c'est-à-dire, qui peuvent être conservées, ou servir longtemps, et qu'entre toutes les productions de cette espèce, il s'en trouve : 1° d'un usage journalier et universel ; 2° qu'il y en a d'un usage universel, mais qui n'est pas continuel ; 3° les unes sont continuellement nécessaires, à quelqu'un seulement, et de temps en temps à tout le monde ; 4° d'autres ne sont jamais d'un usage ni continuel, ni général : telles sont les productions de simple agrément ou de goût. Or, toutes ces productions durables seront amassées dans des magasins publics, pour être distribuées, les unes journellement, ou à des temps marqués, à tous les citoyens, pour servir aux besoins ordinaires de la vie, et de matière aux ouvrages de différentes professions; les autres seront fournies aux personnes qui en usent.

VII.

On observera, en second lieu, qu'il est des productions de la nature ou de l'art qui ne sont que d'une *durée passagère :* ces choses seront apportées et distribuées dans les places publiques par ceux qui seront préposés à leur culture ou à leur préparation.

VIII.

Ces productions de toute espèce seront dénombrées, et leur quantité sera proportionnée, soit au nombre des citoyens de chaque cité, soit au nombre de ceux qui en usent; celles de ces productions qui se conservent, seront, selon les mêmes règles, publiquement approvisionnées, et leur abondance mise en réserve.

IX.

Les provisions d'agrément seulement, d'un usage universel ou particulier, venant à défaillir au point qu'il ne s'en trouvât pas assez, de sorte qu'il pût arriver qu'un seul citoyen en fût privé, alors toute distribution sera suspendue, ou bien ces choses ne seront fournies qu'en moindre quantité, jusqu'à ce qu'il ait été pourvu à c· défaut; mais on prendra garde, avec soin, que ces accidents n'arrivent pas à l'égard des choses universellement nécessaires.

X.

Les provisions surabondantes de chaque cité, de chaque province, reflueront sur celles qui seraient en danger d'en manquer, ou seront réservées pour des besoins futurs.

XI.

Rien, selon les *lois sacrées*, ne se vendra, ni ne s'échangera entre concitoyens, de sorte, par exemple, que celui qui aura besoin de quelques herbes, légumes ou fruits, ira en prendre ce qu'il lui en faut pour un jour seulement à la place publique, où ces choses seront apportées par ceux qui les cultivent. Si quelqu'un a besoin de pain, il ira s'en fournir pour un temps marqué, chez celui qui le fait, et celui-ci trouvera dans le magasin public la quantité de farine pour celle du pain qu'il doit préparer, soit pour un jour ou plusieurs. Celui à qui il faudra un vêtement, le recevra de celui qui le compose; celui-ci en prendra l'étoffe chez celui qui la fabrique, et ce dernier en tirera la matière du magasin où elle aura été apportée par ceux qui la recueillent : ainsi de toutes autres choses qui se distribueront à chaque père de famille, pour son usage et celui de ses enfants.

XII.

Si la nation secourt une nation voisine ou étrangère, des productions de son pays, ou en est secourue, ce commerce seul se fera par échange et par l'entremise de citoyens qui rapporteront tout en public; mais on prendra un soin scrupuleux que ce commerce n'introduise pas la moindre propriété dans la république.

Lois agraires.

I.

Chaque cité aura son territoire le plus ensemble et le plus régulier qu'il sera possible, non en propriété, mais suffisant seulement pour la subsistance de ses habitants, et pour occuper ceux qui seront chargés de la culture des terres.

II.

Lorsqu'une cité se trouvera placée sur un terrain stérile,

on y exercera les arts seulement, et les cités voisines fourniront la subsistance à ses habitants : cette cité aura néanmoins, comme les autres, son corps d'*agricoles*, soit pour tirer tout ce qu'il sera possible de son territoire, soit pour aider à la culture des terres des cités voisines.

III.

Tout citoyen, sans exception, depuis l'âge de vingt ans jusqu'à vingt-cinq, sera obligé d'exercer l'agriculture, à moins que quelque infirmité ne l'en dispense.

IV.

Dans chaque cité, ce corps de jeunesse destiné à l'agriculture, sera composé de laboureurs, de jardiniers, de pasteurs, de bûcherons, de pionniers, de voituriers par terre ou par eau, de charpentiers, de maçons, de forgerons, et autres professions concernant l'architecture. Les jeunes gens qui auront exercé l'une des six professions ici nommées les premières, pendant le temps marqué, pourront la quitter pour reprendre celle qu'ils auront précédemment apprise, ou demeurer attachés à l'agriculture, tant que leurs forces le leur permettront. *Voyez la loi III et V de police.*

Lois èdiles.

I.

Comme dans chaque cité les tribus n'excèderont point, ou que de très-peu, un certain nombre de familles, et n'excédéront jamais un certain nombre de tribus de plus d'une, l'étendue de chaque cité sera à peu près égale, *selon la loi II distributive.*

II.

Autour d'une grande place, de figure régulière, seront

érigés, d'une structure uniforme et agréable, les magasins publics de toutes provisions, et les salles d'assemblées publiques.

III.

A l'extérieur de cette enceinte seront régulièrement rangés les quartiers de la cité, égaux, de même figure, et régulièrement divisés par rues.

IV.

Chaque tribu occupera un quartier, et chaque famille un logement spacieux et commode; tous ces édifices seront uniformes.

V.

Tous les quartiers d'une cité seront disposés de façon que l'on puisse les augmenter quand il sera nécessaire, sans en troubler la régularité, et ces accroissements ne passeront pas certaines bornes.

VI.

A quelque distance, autour des quartiers de la cité, seront bâtis en galeries les ateliers de toutes professions mécaniques pour tous les corps d'ouvriers, dont le nombre excédera dix; car il a été dit, *loi V distributive*, qu'il n'y aura par chaque cité qu'un nombre suffisant d'ouvriers pour chaque profession mécanique.

VII.

A l'extérieur de cette enceinte d'ateliers sera construite une autre rangée d'édifices destinés à la demeure des personnes employées à l'agriculture et aux professions qui en dépendent, pour servir aussi d'ateliers à ces professions, de granges, de celliers, de retraite aux bestiaux, et de magasins d'ustensiles, toujours proportionnellement au service de chaque cité.

VIII.

Hors de toutes ces enceintes, à quelque distance, sera bâti, dans l'exposition la plus salubre, un bâtiment spacieux et commode, pour y loger et soigner tout citoyen malade.

IX.

D'un autre côté sera bâtie une retraite commode pour tous citoyens infirmes et décrépis.

X.

D'un autre côté, dans l'endroit le moins agréable et le plus désert, sera construit un bâtiment environné de hautes murailles, divisé en plusieurs petits logements, fermés de grilles de fer, où seront enfermés ceux qui auront mérité d'être séparés de la société pour un temps. *Voyez les lois pénales.*

XI.

Près de là sera le champ de sépulture, environné de murailles, dans lequel seront séparément bâties, de très-forte maçonnerie, des espèces de cavernes assez spacieuses et fortement grillées, pour y renfermer à perpétuité, et servir ensuite de tombeaux aux citoyens qui auront mérité de mourir civilement, c'est-à-dire d'être pour toujours séparés de la société. *Voyez les lois pénales.*

XII.

Tous bâtiments en général de chaque cité seront édifiés, entretenus ou rebâtis par les corps d'ouvriers destinés à l'architecture.

XIII.

La propreté des cités et des chemins publics sera entretenue ordinairement par les corps de pionniers et de voituriers; ils auront aussi soin de la fourniture et de l'arrangement des magasins, et, par extraordinaire, tous ceux dont la profession est précisément de travailler à la terre se joindront aux autres pour travailler de temps en temps à la construction ou réparation des chemins publics, et à la conduite des eaux.

Lois de police.

I.

Dans toute profession, les plus âgés et en même temps les plus expérimentés dirigeront tour à tour, selon leur rang d'ancienneté, et pendant cinq jours, cinq ou dix de leurs compagnons, et taxeront modérément leur travail sur la part qui leur aura été imposée à eux-mêmes.

II.

Dans chaque corps de profession il y aura un maître pour dix ou vingt ouvriers, qui aura le soin de les instruire, de visiter leur ouvrage, et de rendre compte de leur travail et conduite au chef du corps, qui sera annuel; chaque maître sera perpétuel et à son tour chef du corps.

III.

Personne ne pourra être maître d'une profession qu'un an après avoir quitté son service d'agriculture et s'être remis à sa première profession, c'est-à-dire à vingt-six ans accomplis.

IV.

Dans chaque profession celui qui aura découvert quelque secret important en fera part à tous ceux de son corps, et dès lors il sera maître, n'ayant même pas l'âge, et désigné chef de ce corps pour l'année prochaine; le tour ne sera interrompu que dans ce cas et repris ensuite.

V.

A dix ans tout citoyen commencera à apprendre la profession à laquelle son inclination le portera ou dont il paraîtra capable, sans l'y contraindre : à quinze ou dix-huit, il sera marié : à vingt jusqu'à vingt-cinq, il professera quelque partie de l'agriculture : à vingt-six, il sera maître dans sa première profession, s'il la reprend, ou s'il continue d'exercer quelque métier attaché à l'agriculture (*voyez les lois III et IV agraires*). Mais s'il vient à embrasser tout autre genre d'occupation, alors il ne pourra être maître qu'à trente ans : à quarante ans, tout citoyen qui n'aura passé par aucune charge sera ouvrier volontaire, c'est-à-dire que, sans être exempt de travail, il ne sera assujetti qu'à celui qu'il voudra choisir, et à la tâche qu'il s'imposera lui-même ; il sera maître de ses heures de repos,

VI.

Les infirmes, les vieillards caducs seront commodément logés, nourris, entretenus dans la maison publique destinée à cela pour chaque cité, *par la IXe des lois édiles.* Tous citoyens malades, sans exception, seront aussi transportés dans la demeure commune qui leur est destinée, et soignés avec autant d'exactitude et de propreté que dans le sein de leur famille, et sans aucune distinction ni préférence. Le sénat de chaque ville prendra un soin particulier de régler l'économie et le service de ces maisons, et que rien de ce qui est nécessaire ou agréable n'y manque, soit pour le rétablissement de la santé, soit pour le progrès de la convalescence, soit enfin pour tout ce qui peut charmer les ennuis de l'infirmité.

VII.

Les chefs de toutes professions indiqueront les heures de repos et de travail, et prescriront ce qui devra être fait.

VIII.

Tous les cinquièmes jours seront destinés au repos public ; pour cela l'année sera divisée en soixante et treize parties égales ; ce jour de repos sera double une fois seulement dans l'année à laquelle on doit ajouter un jour. *Voyez la loi IV distributive.*

IX.

Les réjouissances publiques commenceront toujours dans un jour de repos public, et dureront six jours y compris celui-ci.

X.

Les réjouissances se célébreront immédiatement avant l'ouverture des premiers labours, avant l'ouverture des moissons, après avoir recueilli et serré les fruits de toute espèce, et au commencement de chaque année ; dans ces dernières se célébreront les mariages ; les chefs annuels de cités et de corps entreront à leur tour en charge. *Voyez les lois de gouvernement.*

Lois somptuaires.

I.

Tout citoyen, à l'âge de trente ans, sera vêtu selon son goût, mais sans luxe extraordinaire ; il se nourrira de même dans le sein de sa famille, sans intempérance et sans profusion : excès que cette loi ordonne aux sénateurs et aux chefs de réprimer sévèrement, donnant eux-mêmes exemple de modestie.

II.

Depuis dix ans jusqu'à trente, les jeunes gens, dans chaque profession, seront uniformément vêtus des mêmes étoffes, propres, mais communes et convenables à leurs occupations. Chaque corps sera distingué par une couleur conforme au principal objet de son travail, ou par quelque autre marque.

III.

Tout citoyen aura un vêtement de travail et un vêtement de réjouissance d'une parure modeste et avantageuse, le tout selon les moyens de la république, sans qu'aucun ornement puisse faire mériter à personne de préférence ou d'égards ; toute vanité sera réprimée par les chefs et pères de familles.

Lois de la forme du gouvernement qui préviendraient toute domination tyrannique.

I.

Chaque père de famille, à l'âge de cinquante ans, sera sénateur, et aura voix délibérative et décisive sur tout règlement à faire, relativement aux intentions des lois, dont le sénat sera conservateur.

II.

Les autres chefs de familles ou de corps de profession seront consultés lorsqu'il s'agira de régler ce qui concerne leurs occupations.

III.

Dans chaque tribu chaque famille donnera, à son tour, un chef à la tribu, qui le sera pendant toute sa vie.

IV.

Les chefs de tribus seront, chacun à leur tour, chefs de cités pour un an.

V.

Chaque cité donnera à son tourun chef à sa province, qui sera annuel, pris aussi à son tour d'entre les chefs des tribus de cette cité ; et la tribu d'où il sera tiré prendra un autre chef.

VI.

Chaque province donnera à son tour un chef perpétuel à tout l'état ; ce chef sera de droit le chef de cette province actuellement en charge à la mort du général, ou prêt à y entrer à son tour; mais dans ce cas, ce chef de province, devenu général, sera remplacé dans cette province par celui qui devra lui succéder selon la loi précédente.

VII.

Si la nation n'est pas assez nombreuse pour composer plus d'une province, son chef annuel sera un an général. Si le corps de la nation n'était qu'une cité, le chef annuel de cette cité le sera de tout l'Etat pour un an seulement. Dans l'un ou l'autre cas on ne changera rien à l'ordre dans lequel il est dit, *loi V*, que ces dignités seront conférées.

VIII.

Comme par la *loi III* précédente, les chefs de tribus doivent être perpétuels, tous ceux de ces chefs qui seront parvenus à leur tour à la dignité de chef annuel de cité ou de province, reprendront leur première place en sortant de charge, et ceux qui, par la *loi V*, les auront occupées pendant leur généralat, redeviendront simples pères de familles, pour attendre leur tour à succéder à ces chefs de tribus.

IX.

Toute personne devenue chef de tribu, soit avant, soit après l'âge *sénatorial*, ne sera plus ou ne pourra plus être sénateur; et, à quelque dignité annuelle ou perpétuelle qu'il puisse parvenir, il ne sera plus, ni pendant ni après sa charge, d'aucun sénat, mais simplement du conseil.

X.

Il y aura un sénat suprême de la nation, annuellement composé de deux ou de plusieurs députés du sénat de chaque cité, et chaque sénateur entrera, à son tour, dans le nombre de ces députés. Il y aura aussi un conseil suprême de la nation, subordonné à ce grand sénat, et supérieur aux autres conseils; il sera composé de même des députés du conseil de chaque cité, etc.

XI.

Si l'Etat n'est qu'une seule cité; son sénat sera suprême, composé de personnes âgées de cinquante ans, et en fera les fonctions. Les pères de famille âgés de quarante ans, composeront le sénat particulier.

XII.

Les chefs des tribus n'étant plus du corps du sénat, *par la loi IX, de la forme du gouvernement*, avec les chefs des corps et des maîtres artistes, qui ne seront pas en âge d'être sénateurs, formeront le conseil de chaque cité.

XIII.

Chaque membre d'un sénat ou du conseil présidera, à son tour, pendant cinq jours, pour recueillir les avis, et décider sur la pluralité des voix.

Lois de l'administration du gouvernement.

I.

Les fonctions du sénat suprême seront d'examiner si les décisions et les règlements des sénats de chaque cité ne contiennent rien qui puisse, soit pour le présent ou l'avenir, contredire les lois de l'Etat ; si les mesures prises pour la police et l'économie sont sagement conformes aux intentions des lois distributives et autres lois. En conséquence de cet examen, le sénat suprême confirmera ou rejetera ces règlements particuliers, en tout ou en partie seulement : ce qui aura été ainsi statué pour une cité, sera observé dans toutes les autres pour le même objet, et aura force de loi après l'acquiescement des sénats subalternes.

II.

Chaque sénat prendra les avis de son conseil, et en écoutera les représentations, avec pouvoir de les rejeter au cas seulement que ce que ce conseil proposerait se trouvât directement ou indirectement contraire aux intentions des lois, et qu'il y eût moyen de prendre un meilleur parti.

III.

Les chefs des cités, sous les ordres du général, feront exécuter les décisions du sénat particulier, approuvées par le suprême.

IV.

Les sénats particuliers, joints au sénat suprême, auront toute autorité politique subordonnée à celle des lois; c'est-à-dire qu'ils ordonneront d'une manière décisive, et sans délibération, tout ce qui est formellement prescrit par les lois : ils auront le pouvoir de développer et d'appliquer au détail du gouvernement les dispositions de ces lois qui ne sont exprimées qu'en termes généraux, après avoir délibéré et statué sur les moyens.

V.

Les fonctions du chef de la nation seront, en général, de faire, sous les ordres du sénat suprême, observer les lois et les décisions qui leur seront relatives. Il aura spécialement le commandement général de tous les corps de l'Etat occupés ou attachés à l'agriculture, l'inspection générale des magasins de toute espèce et des travaux de tous les corps de métier. Si l'Etat est étendu, il en parcourra tour à tour les provinces, pour voir si tout s'exécute à propos, s'il y a partout, dans les usages et les pratiques, autant d'uniformité et d'ordre qu'il est possible.

VI.

Les chefs des cités, sous l'autorité des chefs de province, et ceux-ci sous les ordres du général, feront les mêmes fonctions pour leur département que ce général pour tout l'Etat.

VII.

Tous les chefs, chacun en leur rang et dans leur département, auront le pouvoir, dans les cas particuliers et imprévus, lorsqu'il s'agira de quelque arrangement et de la prompte exécution de quelque projet utile, de faire employer les moyens que leur suggérera la prudence. Leurs ordres seront toujours absolus, lorsqu'il s'agira d'un plus grand bien. Dans des cas moins pressants, ils prendront l'avis, soit de leurs égaux, soit de gens expérimentés; ils rendront compte et raison de leur conduite chacun à chaque sénat particulier et aux chefs auxquels ils sont subordonnés, ceux-ci au général, et le général au sénat suprême.

VIII.

Les chefs de tribus (et c'est pour cela qu'ils sont perpétuels) auront l'inspection de l'arrangement, de la fourniture des magasins et de la distribution des choses approvisionnées, qui se fera par les mains des ouvriers volontaires, c'est-à-dire par ceux qui seront en âge de se prescrire leurs occupations; et ceux ci seront aidés, quand il sera besoin, par des personnes détachées du corps des *agricoles*. Quant aux choses d'une fabrique et d'une utilité journalière, elles seront, comme il a été dit, *loi IV distributive*, distribuées à chaque citoyen par ceux qui cultivent, apprêtent ou façonnent ces denrées.

IX.

Les chefs annuels de cités et de provinces ne s'occuperont que des fonctions de leurs charges, après l'expiration de laquelle il leur sera libre d'exercer volontairement quelle profession il leur plaira. Tout chef de corps d'artisans sera aussi au nombre des ouvriers volontaires, quand son année sera finie.

X.

Tous sénateurs, chefs politiques, chefs d'ateliers, maîtres artisans, seront respectés et obéis, pour le service commun de la patrie, comme les pères de famille par leurs enfants.

XI.

La formule de tout commandement public sera : *La raison veut, la loi ordonne.*

XII.

Toutes ces lois du gouvernement, comme les *fondamentales*, seront réputées sacrées et inviolables ; elles ne pourront être changées ni abrogées par qui que ce soit, à peine, etc. *Voyez les lois pénales.*

Lois conjugales, qui préviendront toute débauche.

I.

Tout citoyen, sitôt l'âge nubile accompli, sera marié ; personne ne sera dispensé de cette loi, à moins que la nature ou sa santé n'y mette obstacle. Le célibat ne sera permis à personne qu'après l'âge de quarante ans.

II.

Au commencement de chaque année sera publiquement célébrée la réjouissance des mariages. Les jeunes gens de l'un et de l'autre sexe seront assemblés ; et, en présence du sénat de la cité, chaque garçon choisira la fille qui lui plaira, et ayant obtenu son consentement, la prendra pour femme.

III.

Les premières noces seront indissolubles pendant dix ans, après lesquels le divorce sera permis, soit du consentement des deux parties, ou d'une seulement.

IV.

Les raisons de divorce se déclareront en présence des chefs de famille de la tribu assemblés, qui tenteront, par représentations, les moyens de réconciliation.

V.

Le divorce déclaré, les personnes séparées ne pourront se rejoindre que six mois après ; mais, avant ce temps, il ne leur sera permis de se voir ni de se parler ; le mari restera dans sa tribu ou sa famille, et la femme retournera dans la sienne ; ils ne pourront traiter de leur réconciliation que par l'entremise de leurs amis communs.

VI.

Les personnes qui auront fait divorce ne pourront se remarier à d'autres qu'un an après ; ensuite il ne leur sera plus permis de redevenir époux.

VII.

Les personnes séparées ne pourront se remarier à d'autres plus jeunes qu'elles ni plus jeunes que celle qu'ils auront quittée. Les seules personnes veuves auront cette liberté.

VIII.

Les personnes de l'un ou de l'autre sexe qui auront été mariées, ne pourront épouser de jeunes personnes qui ne l'ont point été.

IX.

Tout citoyen pourra se marier dans quelle tribu, cité ou province il voudra ; mais alors la femme et les enfants seront de la tribu du mari.

X.

Les enfants de l'un et de l'autre sexe resteront près du père, en cas de divorce, et la femme qu'il aura épousée en dernières noces, en sera seule censée la mère ; nulle de celles qui l'auront précédée, ne pourra prendre ce titre à l'égard des enfants de son mari.

XI.

Les fils d'un même père, quoique mariés et ayant des enfants, ne seront chefs de famille qu'après la mort de leur père commun.

XII.

Au temps de la célébration publique des mariages, se fera le dénombrement annuel des citoyens de chaque cité. Le sénat tiendra état exact du nombre de personnes de différents âges et de différentes professions; le tout par nom de tribu et de famille. On égalisera autant qu'il sera possible le nombre des familles qui composent les tribus; on en formera de nouvelles, et s'il est nécessaire, de nouvelles cités, lorsqu'il y aura un nombre de tribus surnuméraires, suffisant pour cela, ou bien on repeuplera les tribus et les cités diminuées par quelque accident.

XIII.

Quand la nation sera parvenue à un point d'accroissement tel que le nombre des citoyens qui naissent se trouvent à peu près égal au nombre de ceux qui cessent de vivre, les tribus, les cités, etc. demeureront et seront entretenues presque égales. *Voyez la loi III, économique.*

Lois d'éducation qui préviendraient les suites de l'aveugle indulgence des pères pour leurs enfants.

I.

Les mères allaiteront elles-mêmes leurs enfants, si leur santé le permet, et ne pourront s'en dispenser sans preuve de leurs indispositions.

II.

Les femmes séparées de leur mari, qui auront des enfants à la mamelle, prendront soin de les allaiter pendant l'année de leur divorce.

III.

Les chefs des tribus veilleront avec attention sur les soins que les pères et mères doivent prendre de leurs enfants en bas âge.

IV.

A l'âge de cinq ans, tous les enfants dans chaque tribu, seront rassemblés, et les deux sexes séparément logés et nourris dans une maison destinée à cela ; leurs aliments, leurs vêtements et leurs premières instructions seront partout uniformément les mêmes, sans aucune distinction, selon les règles qui seront prescrites par le sénat.

V.

Un certain nombre de pères et de mères de famille, sous l'inspection du chef de la tribu, prendront soin de ces enfants comme des leurs propres, pendant cinq jours, et seront successivement relevés par un pareil nombre : ils s'appliqueront à inspirer à leurs élèves la modération et la docilité; à prévenir, soit par la douceur, soit par de légers châtiments, toute discorde, tout caprice, toute mauvaise habitude ; ils les traiteront tous avec une parfaite égalité.

VI.

A mesure que la raison commencera à se développer, on instruira ces enfants des lois de la patrie ; on leur apprendra à les respecter, à obéir à leurs parents, aux chefs et aux personnes d'un âge mûr ; on les accoutumera à la complaisance pour leurs égaux, à cultiver leur amitié, à ne jamais mentir ; on les exercera à quelque légère occupation convenable à leur âge, et de temps en temps, à des jeux qui puissent leur former le corps, et les préparer au travail; on ne leur prescrira rien, qu'on ne leur ait fait comprendre que cela est raisonnable. Ces premières instructions continueront d'être cultivées par les maîtres, au soin desquels ils seront confiés au sortir de cette première enfance.

VII.

Ceux de ces enfants qui, avant l'âge de dix ans, seront assez robustes pour apprendre les premiers éléments de la profession à laquelle on les jugera propres, seront envoyés tous les jours, pendant quelques heures, aux ateliers publics, pour commencer leurs exercices.

VIII.

Tout enfant à l'âge de dix ans, quittera cette commune demeure paternelle, pour passer aux ateliers, où alors ils seront logés, nourris, vêtus et instruits par les maîtres et les chefs de chaque profession, auxquels ils obéiront comme à leurs parents; le tout en commun dans chaque corps et dans chaque atelier, où chaque sexe sera séparément instruit des occupations qui lui conviennent.

IX.

Les maîtres et maîtresses, ainsi que les chefs de profession, joindront aux exercices mécaniques les instructions morales. A mesure que la raison commençant à se développer chez les enfants, quelqu'un d'eux viendra à comprendre qu'il est une Divinité, et qu'en ayant entendu parler, ils feront des questions sur cet Etre suprême, on leur fera comprendre qu'il est la cause première et bienfaisante de tout ce qu'ils admirent ou trouvent aimable et bon. On se gardera bien de leur donner de cet être ineffable aucune idée vague, et de prétendre leur en expliquer la nature par des termes vides de sens: on leur dira tout nuement que l'auteur de l'univers ne peut être autrement connu que par ses ouvrages, qui ne l'annoncent que comme un être infiniment bon et sage, mais qu'on ne peut comparer à rien de mortel. On fera connaître aux jeunes gens que les sentiments de sociabilité qui sont dans l'homme, sont les seuls oracles des intentions de la Divinité ; et que c'est en les observant qu'on parvient à comprendre ce que c'est qu'un Dieu. On leur dira que les lois sont faites pour perfectionner ces sentiments, et pour appliquer, avec ordre, ce qu'ils prescrivent au bien de la société.

X.

Tous les préceptes, toutes les maximes, toutes les réflexions morales seront déduits des lois *fondamentales et sacrées*, et toujours relativement à l'union et à la tendresse sociale : les motifs d'exhortation seront le bonheur particulier, inséparablement attaché au bien commun, et les considérations encourageantes auront pour objet, l'estime et l'amitié des proches, des concitoyens et des chefs.

XI.

Les chefs et sénateurs veilleront avec soin à ce que les lois et règlements pour l'éducation des enfants soient partout exactement et uniformément observés, et surtout que les défauts de l'enfance, qui pourraient tendre à *l'esprit de propriété*, soient sagement corrigés et prévenus ; ils empêcheront aussi que l'esprit ne soit imbu. dans le bas âge, d'aucune fable, conte ou fictions ridicules.

XII

A l'âge de quinze ou seize ans, lorsque des jeunes gens seront mariés, ils quitteront les académies publiques, pour retourner dans la demeure paternelle, d'où ils iront journellement, aux heures marquées, aux ateliers, pour y exercer leur profession, jusqu'à ce qu'ils soient en âge de professer l'agriculture ; alors ils passeront dans les demeures destinées à cet état.

Lois des études qui empêcheraient les égarements de l'esprit humain et toute rêverie transcendante.

I.

Le nombre des personnes qui s'appliquent aux sciences et aux arts, qui demandent plus de sagacité, de pénétration, d'adresse, d'industrie et de talents, que de force de corps, sera fixé, tant pour chaque genre d'étude, que pour chaque cité: on en instruira de bonne heure les citoyens qui auront le plus de disposition, sans que ce genre d'étude ou d'exercice les dispense de vaquer à leur partie de l'agriculture, quand ils seront en âge d'y travailler. Personne, excepté le nombre prescrit de maîtres et d'élèves pour les sciences et les arts, ne pourront s'y appliquer avant l'âge de trente ans, *selon la loi de police V.* Alors ceux dont l'expérience aura perfectionné l'entendement, et fait éclore des dispositions pour quelque profession plus relevée que celle qu'ils exerçaient auparavant, pourront s'en occuper.

II,

Il n'y aura absolument point d'autre philosophie morale que sur le plan et le système des lois; les observations et les préceptes de cette science n'appuieront que sur l'utilité et la sagesse de ces lois, sur les douceurs des liens du sang et de l'amitié, des services et de la reconnaissance qui unissent les concitoyens; sur l'amour et l'utilité du travail; sur toutes les règles générales et particulières du bon ordre et d'une parfaite concorde: l'étude de cette science sera commune à tous les citoyens.

III.

Toute métaphysique se réduira à ce qui a été précédemment dit de la Divinité. Quant à l'égard de l'homme, on ajoutera qu'il est doué d'une raison destinée à le rendre

15.

sociable; que la nature de ses facultés, ainsi que les principes naturels de leurs opérations, nous sont inconnus; qu'il n'y a que les procédés de cette raison qui puissent être suivis et observés par une attention réfléchie de cette même faculté; que nous ignorons ce qui est en nous la base et le soutien de cette faculté, comme nous ignorons ce que devient ce principe au trépas : on dira que peut-être ce principe intelligent subsiste-t-il encore après la vie, mais qu'il est inutile de chercher à connaître un état sur lequel l'auteur de la nature ne nous instruit par aucun phénomène : telles seront les limites prescrites à ces spéculations.

IV.

On laissera une entière liberté à la sagacité et à la pénétration de l'esprit humain à l'égard des sciences spéculatives et expérimentales, qui ont pour objet, soit les recherches des secrets de la nature, soit la perfection des arts utiles à la société.

V.

Il y aura une espèce de code public de toutes les sciences, dans lequel on n'ajoutera jamais rien à la métaphysique ni à la morale au-delà des bornes prescrites par les lois : on y joindra seulement les découvertes physiques, mathématiques ou mécaniques, confirmées par l'expérience et le raisonnement.

VI.

Les beautés physiques et morales de la nature, objets des sciences, des commodités et des agréments de la société, ainsi que les citoyens qui auront contribué, d'une manière aussi distinguée, à perfectionner toutes ces choses, pourront être célébrés par l'éloquence, la poésie et la peinture.

VII.

Chaque sénat particulier fera rédiger par écrit les actions des chefs et des citoyens dignes de mémoire ; mais il aura soin que ces histoires soient exemptes de toute exagération, de toute flatterie, et bien plus rigoureusement, de tout récit fabuleux ; le sénat suprême en fera composer le corps d'histoire de toute la nation.

VIII.

Chaque chapitre de ces lois sera séparément gravé sur autant de colonnes ou pyramides érigées dans la place publique de chaque cité, et leurs intentions seront toujours suivies selon le sens propre, direct et littéral de leur texte, sans qu'il soit jamais permis d'en changer ni altérer le moindre terme. Que s'il se trouvait quelque équivoque ou quelque obscurité dans une loi, il faudra tâcher ou de l'expliquer par quelque autre, ou de déterminer une fois pour toutes le sens de cette loi, de la manière la plus favorable aux lois fondamentales et sacrées.

Lois pénales aussi peu nombreuses que les prévarications, aussi douces qu'efficaces.

I.

Tout citoyen, sans exception de rang ni de dignité, fût-ce même le chef général de la nation, qui serait, ce qu'on n'ose penser, assez dénaturé pour ôter la vie ou blesser mortellement quelqu'un qui aurait tenté par cabale ou autrement d'abolir les *lois sacrées* pour introduire la détestable propriété, après avoir été convaincu et jugé par le sénat suprême, sera enfermé pour toute sa vie, comme fou, furieux et ennemi de l'humanité, dans une caverne bâtie, comme il a été dit, *loi édile XI*, dans le lieu des sépultures publiques : son nom sera pour toujours effacé du dénombrement des citoyens ; ses enfants et toute sa famille quitteront ce nom , et seront séparément incorporés dans d'autres tribus , cités ou provinces, sans qu'il soit permis à personne de les mépriser, ni de leur reprocher la faute de leurs parents, sous peine d'être deux ans retranché de la société.

II.

Ceux qui oseraient intercéder pour ces coupables, ceux qui auront grièvement manqué de respect ou d'obéissance aux chefs ou sénateurs, aux pères de famille ou à leurs parents; ceux qui auront maltraité de paroles outrageantes ou de coups quelques-uns de leurs égaux, seront enfermés dans les lieux destinés à punir ces sortes de fautes, pour un ou plusieurs jours ou mois, pour une ou plusieurs années : le sénat de la nation règlera une fois pour toujours ces temps, suivant la grièveté des délits : on ne pourra jamais retrancher du temps prescrit pour la punition d'une faute.

III.

Les adultères seront enfermés pendant un an; après quoi, un mari ou une femme pourra reprendre le coupable, s'il ne l'a pas répudié immédiatement après son infidélité; et cette personne ne pourra jamais se marier à son adultère.

IV.

Toute personne de l'un ou de l'autre sexe qui aura commerce avec quelqu'un pendant l'année de divorce sera punie comme adultère.

V.

Toute personne qui aura mérité d'être retranchée de la société une ou plusieurs années, ne pourra jamais être ni sénateur ni chef de tribus.

VI.

Toutes personnes chargées de l'éducation et du soin

des enfants, qui, par une négligence reconnue, et faute de les corriger ou instruire, leur laisseront contracter quelque vice ou quelque mauvaise habitude, contraire à l'esprit de sociabilité, seront pour un temps ou pour toujours privées de l'honneur de cet emploi, suivant qu'elles seront jugées coupables.

VII.

Tous ceux qui seront retranchés de la société, et enfermés pour toujours ou pour un temps seulement, seront privés de tout amusement ou occupation; ils seront uniformément nourris de mets bons, mais les plus communs, et vêtus de même; ils seront servis par les jeunes gens qui se seront rendus légèrement coupables de paresse, d'indocilité ou de mensonge; ils feront cette fonction pendant quelques jours, et, à leur défaut, on chargera de ce service, alternativement chaque jour, un certain nombre des plus jeunes élèves de chaque profession.

VIII.

D'autres fautes plus légères, comme quelques négligences, quelque inexactitude, seront punies, suivant la prudence des chefs ou des maîtres de chaque profession, soit par l'emploi dont on vient de parler dans la loi précédente, soit par la privation de toute occupation, comme de tout amusement, pour quelques heures ou pour quelques jours, afin de châtier l'oisiveté par l'oisiveté même.

IX.

Comme ce n'est point le châtiment, mais la faute qui déshonore, après en avoir subi la peine prescrite, il sera défendu à tout citoyen d'en faire le moindre reproche à la personne expiée par la loi, ni à aucun de ses parents, ni d'en instruire les personnes qui l'ignorent, non plus que de marquer le moindre mépris pour ces personnes, absentes ou présentes, à peine de subir la même punition;

il ne sera permis qu'aux chefs de les avertir, avec autorité, de leurs devoirs, sans faire jamais mention de leurs fautes passées, ni de leurs punitions.

X.

Toute peine imposée par la loi, et une fois réglée pour chaque espèce de faute, ne pourra jamais être remise, diminuée ou commuée par aucune grâce, ni par aucune considération, sinon en cas de maladie.

XI.

Le sénat de chaque cité aura seul le pouvoir d'infliger les peines de privation de la société sur la déposition des chefs de tribus, de familles ou de corps de profession, et ces derniers infligeront les autres peines civiles.

XII.

Toute fausse accusation d'un crime qui mériterait une privation perpétuelle de la société encourra même punition; dans tout autre cas, le faux accusateur subira une peine double de celle qu'aurait dû subir l'accusé.

XIII.

Les accusations des personnes qui ne seront revêtues d'aucune autorité civile ou naturelle ne seront point écoutées ni reçues par le sénat.

XIV.

Les personnes en dignité seront obligées de veiller par elles-mêmes sur les personnes qui leur seront subordonnées, de les réprimander ou punir pour les cas laissés à leur pouvoir, de les déférer à un ordre supérieur pour des fautes plus considérables, sans aucune indulgence, à peine d'être privées, ou pour un temps ou pour toujours, de leur charge, suivant l'importance de cette omission.

FIN DU CODE DE LA NATURE.

FRAGMENTS IMPORTANTS

DE

LA BASILIADE

DE MORELLY.

AVIS.

Le lecteur a vu, dans la Notice sur Morelly, que *la Basiliade* contient le plan d'organisation sociale dont le *Code de la Nature* est le développement systématique. Ce dernier écrit est sans doute le chef-d'œuvre de l'auteur et la plus haute expression de la philosophie du siècle dernier; mais il n'est pas inutile de lire avec soin la partie sociale du roman qui l'a précédé. Nous avons fait un choix coordonné de tous les fragments de la *Basiliade* qui ont trait aux questions traitées dans le *Code de la Nature*. Ces pensées choisies brilleront de leur pur éclat, ainsi débarassées de l'entourage d'aventures insignifiantes, qu'on trouve au reste dans tous les *voyages imaginaires* du même genre.

FRAGMENTS IMPORTANTS

DE

LA BASILIADE.

Caractère de l'utopie, la *Basiliade*. Extrait de la préface.

.... *Ce livre contient des vérités qui ne sont pas bonnes à dire à tout le monde; que les sages ne produisent pas aux stupides; que les rois estiment, mais qu'ils n'écoutent pas volontiers; il n'y a qu'une âme intrépide qui se fasse gloire de les tirer de l'obscurité.* (sic.)... Les maîtres de la terre, ainsi que la plupart des hommes, n'aiment que des vérités masquées ou apparentes, dont le langage ambigu puisse leur servir d'excuse : ils aiment un miroir faux pour rejeter sur cette glace les défauts de leur visage ou pour se les déguiser. Si quelquefois ils révèrent la sagesse, c'est comme les *Fetfa* ou décrets de certains Mouphtis, qu'on encaisse proprement sans les lire.

Je puis dire, sans hyperbole, que chez nous les arts et les sciences expérimentales ne parviendront peut-être jamais à un plus haut point de perfection, ou, si je me trompe à l'égard des bornes que je mets à leurs progrès, au moins est-il certain qu'elles ne peuvent être traitées d'une manière plus agréable et plus capable d'inspirer à la raison du goût pour la vérité.

Quant à la morale, la plupart de ses fondements sont posés sur tant de faux appuis, que presque tous les édifices érigés sur ce fonds manquent de solidité; ceux de nos écrivains qui en sentent le faible n'osent creuser : la politique et la superstition craindraient la chute de leurs maximes tyranniques; l'ignorance et l'imposture se verraient démasquées : d'autres se croient bonnement en terre ferme, et s'étayent comme ils peuvent; enfin, à l'exception d'un petit nombre assez courageux pour s'aider du vrai, le reste lui substitue dans ses écrits une foule d'ornements dont il habille comme il peut les ridicules idoles qu'encense le vulgaire.

Désastreux résultats du partage égal du fonds commun.

APOLOGUE.

On dit qu'autrefois aucun des animaux n'était vorace, tous se contentaient d'une innocente nourriture; on voyait le fier lion, le tigre, l'ours, le loup, mêlés indistinctement avec les timides brebis, les bœufs, les cerfs et les chevaux. Un jour, se trouvant rassemblés dans une plaine fertile en pâturages : Partageons, dirent-ils, cette prairie. La mère qui allaitait trois petits demanda trois parts ; celle qui n'en avait point encore, se contenta d'une. Il arriva que la première mourut, et ne laissa qu'un petit qui se mit seul en possession des trois parts par droit d'héritage; celle qui n'avait point été féconde eut ensuite une nombreuse postérité. Ses nourrissons, devenus grands, et réduits à vivre avec leur mère, de la part qui suffisait à peine pour elle seule, prièrent l'animal qui venait d'hériter de trois portions de leur en céder au moins deux pour les garantir de mourir de faim. « Je ne suis point cause de votre indigence, » leur répondit celui auquel ils s'adressaient; « les partages ont été faits avant que nous fussions nés, et il faut que les choses demeurent comme elles ont été réglées par nos pères; pourvoyez-vous comme il vous plaira, je ne prétends point que vous veniez paître sur ce terrain qui m'est échu : s'il m'est plus que suffisant à présent, je le réserve pour mes enfants. » Cette impitoyable cruauté fit périr de faim cette race nombreuse qui demandait quelques secours; ce mauvais exemple devint fréquent : on vit donc bientôt la famine, au sein même de l'abondance, obliger les plus forts à dévorer les plus faibles; on fit des règlements pour réprimer ces désordres, ils diminuèrent le mal, mais ils n'en ôtèrent pas la cause : ceux des animaux qui étaient devenus voraces par nécessité restèrent tels par habitude.

Il en doit être de même chez les peuples où règne la dure, l'insensible propriété; elle est la mère de tous les crimes, enfants du désespoir et d'une indigence furieuse. Les législateurs punissent souvent le malheureux et épargnent le coupable; leurs lois chétives ne font que pallier les maux : elles châtient des actions perverses, elles ignorent les moyens de les rendre impossibles. Elles devraient être faites pour empêcher d'imprudentes conventions, causes de l'inconstance de la volonté; mais, imprudentes elles-mêmes, ou elles en aggravent le joug, ou elles lui imposent de nouvelles obligations. Souvent, pour appuyer leur faible autorité, il faut qu'elles changent en crimes des actions innocentes.

Je vous le répète encore, et peut-on trop souvent le redire? les lois éternelles de l'univers sont que rien n'est à l'homme en particulier que ce qu'exigent ses besoins actuels, ce qui lui suffit chaque jour pour le soutien ou les agréments de sa durée; le champ n'est point à celui qui le laboure, ni l'arbre à celui qui y cueille des fruits, il ne lui appartient même des productions de sa propre industrie que la portion dont il use; le reste, ainsi que sa personne, est à l'humanité.

Premiers effets de l'opposition de sentiments que la propriété *individuelle* fit éclater.

.... On commença d'abord par persuader aux hommes qu'il serait à propos que les terres fussent partagées entre les chefs de chaque famille, et la nation distribuée en différentes peuplades qui n'eussent rien de commun entre elles. Déjà les termes odieux de commerce, de change, de salaire, prenaient dans le langage la place des secours généreux de l'amitié; on connaissait et on voulait faire usage du *tien* et du *mien*; on entendit prononcer sans frémir le funeste signal de toute discorde : *à chacun le sien*.

Voici de quelle manière on dit que la propriété, épouse successive du pouvoir arbitraire et du sort, et marâtre de la triste indigence, établit son autorité. Assise sur un amas de biens devenus inutiles, elle adresse ces paroles à cette fille infortunée qui lui demande quelques secours : « Pourquoi le sort t'a-t-il donné le jour lorsque mes bienfaits sont distribués? mes dons sont irrévocables, tu n'as plus rien à prétendre sur la terre; vois ces campagnes fertiles, ces arbres couverts de fleurs et de fruits, il ne t'est plus permis d'y toucher; j'en ai fait le partage de mon fils bien-aimé, tu ne dois plus rien attendre que de lui; mérite ses faveurs par d'immenses travaux; l'affreuse nécessité de périr, ou son utilité et la tienne, voilà tes guides, choisis. Ton frère n'exige point d'amour, de tendresse ni de zèle ; maître de tout, ta perte est inévitable sans ses secours, une invincible loi t'oblige de lui prêter les tiens; s'il ne t'est pas libre de les lui refuser, il ne doit t'en savoir aucun gré. Veux-tu que ces moissons apaisent la faim qui te dévore? amasse-les et attends de ses libéralités quelque légère portion pour ta subsistance. Veux-tu voir renaître cette abondance que tu envies? cultive à force de bras ces campagnes, défriche cette terre inculte, dessèche ce marais, perce cette montagne, tire-s-en les marbres et les métaux, érige des palais à l'oisiveté et à la mollesse. Si les forces de ton bras ne suffisent pas, consulte l'industrie, emprunte de ses conseils les moyens de te rendre utile, multiplie les besoins du riche en multipliant des plaisirs que tu ne goûteras point toi-même; invente les moyens de rendre sa demeure commode ; les sueurs et les travaux sont ton partage, tu ne possèderas rien sur la terre, ô partie infortunée des mortels! que ce que ton adresse saura rendre nécessaire à celui qui possède beaucoup : esclave comme toi de l'intérêt, ne crois point l'émouvoir par le triste appareil de ton sort indigent, son cœur sera insensible à la pitié ; que l'intérêt et la cupidité t'animent comme lui, vends-lui cher des services, que son indolence et l'impuissance ou l'incapacité de soutenir par lui-même le poids de ses affaires lui rendent nécessaires.

De telles dispositions devaient inspirer aux hommes une fureur destructive, capable d'en éteindre l'espèce. Bientôt un seul particulier envahit d'énormes possessions, et arracha au reste des humains les choses même les plus nécessaires à la vie ; mais il se serait bientôt vu dans l'impuissance de jouir des fruits de sa rapacité, si la pauvreté ne lui avait fait trouver des secours forcés ; il ne dut plus qu'à l'affreuse misère des autres les soulagements que la nature tendre et compatissante inspirait aux hommes de se communiquer.

Le croirait-on! les hommes, presque nulle part, ne s'entr'aident parce qu'ils s'aiment, mais parce qu'il faudrait périr sans cela. Voilà quels sont, chez nous, les tristes liens de toute société; voilà l'affreux principe de nos vertus et de nos crimes. L'espérance ou la crainte nous portent à des ménagements ou à des excès.

Sans doute que dans les premiers temps, chez la partie des mortels favorisée des dons de cette divinité aveugle que nous nommons fortune, ceux en qui la crainte de s'en voir dépouillés domina, ne virent dans les autres que des ennemis jaloux qu'il fallait opprimer, retenir dans leur bassesse ou détruire; d'un autre côté, le malheureux en qui le vif sentiment de ses misères et la crainte de s'y voir perpétuellement enchaîné, l'emportèrent sur toute autre considération, ne vit plus dans le possesseur d'un riche héritage, qu'un injuste usurpateur, un violateur des droits de la nature. Il en appela de cette tyrannie à son propre désespoir. Animé de l'espérance ou de sortir d'une vie languissante ou d'en faire cesser les douleurs, il s'arma contre celui qu'il crut heureux à ses dépens, et celui-ci, frémissant de crainte de se voir arracher ses biens, combattit avec autant de rage pour sa défense que l'autre pour cesser de vivre infortuné.

De l'opposition de ces sentiments impétueux naquirent les forfaits et les crimes; et de même qu'on voit les flots d'une mer en furie se pousser et s'entre-choquer pour occuper de nouvelles places, comme si son vaste sein ne pouvait les contenir tous, on vit les hommes se disputer avec acharnement un morceau de terre. Tels durent être les premiers effets de la propriété et de l'intérêt, et les premiers sacrifices offerts à ces cruelles divinités.

Origine des vertus factices que la considération d'un vil intérêt fait pratiquer.

Les hommes, réfléchissant enfin sur des maux qui ne faisaient qu'empirer leur condition, cherchèrent des moyens plus doux, les uns pour conserver ce que le sort leur avait donné en partage, les autres pour obtenir des secours. Ceux en qui les passions se trouvèrent moins vives en donnèrent l'exemple aux autres; mais, oubliant la cause première de leurs fureurs précédentes, ils en eurent horreur, et s'en excusèrent sur la nature même: ils crurent que le cœur humain naissait imprégné de leurs poisons avec un penchant pervers à la rapine. Le père, peu attentif aux premières impressions de ses funestes exemples sur l'âge le plus tendre, voit ses enfants se disputer avec colère une place au soleil, un chétif amusement; il les croit comme soi d'une nature méchante et corrompue, parce qu'il n'a pas remarqué qu'en mille occasions, ses dons, ses préférences versent sur eux les premières semences de la contagion dont ses pères l'ont infecté lui-même.

Sur ces principes, les hommes raisonnèrent ou agirent comme s'ils avaient raisonné ainsi : Nous naissons méchants; mais quelque dépravés que nous soyons, nous sommes sensibles aux bienfaits ou aux caresses de la reconnaissance; les soins de nos pères et notre soumission à leur volonté nous le font éprouver. Agissons de même, dit l'indigent, envers celui que le sort a placé avantageusement; tâchons d'obtenir de lui, par des égards flatteurs, des secours qu'il nous coûterait trop cher de prétendre obtenir par force. Le riche dit : N'irritons point le malheureux; ne lui faisons point sentir la rigueur de son état;

essayons même, au moyen de quelques légères récompenses, d'en tirer des services. En raisonnant ainsi, les uns et les autres n'aperçurent pas que des motifs aussi imparfaits laisseraient toujours assez d'irrégularité à leurs actions pour porter dans les cœurs un levain funeste qu'ils s'obstinent à croire naturel.

C'est de la sorte qu'un léger rayon de vérité, à côté de l'erreur, donna l'être à la plupart de nos vertus sociales, vertus factices que la seule considération d'un vil intérêt fait pratiquer, sans que le cœur y ait aucune part. Le favori de la fortune, ne se voyant plus disputé ce qui lui était injustement échu, prit pour le pauvre quelques stériles sentiments de pitié, auxquels il ajouta quelquefois des secours passagers, et se crut par là quitte envers l'humanité. Quelques libéralités prirent bientôt les titres fastueux de générosités, de faveurs et de grâces. Le riche, le puissant se crut au-dessus du reste des hommes, à proportion qu'il s'imagina leur être utile, ou en état de leur nuire par des refus. Ceux qui en espérèrent ou en reçurent quelques dons, cherchèrent à se le rendre propice par des souplesses qui favorisèrent cette erreur. Telle fut la première origine des rangs, des dignités, des grandeurs, trophées fragiles que la misère affamée érigea à ceux qu'elle vit épris de ces fumées.

Le plus grand nombre des hommes, et partant les plus malheureux, cessèrent, à la vérité, d'être jaloux du sort des premiers, quand ils les virent trop élevés pour y pouvoir attindre; mais, envieux du degré de faveur de quelques uns de leurs égaux près de ces grands, s'empressant de les prévenir ou de les supplanter, ils enchérirent sur les hommages intéressés de leurs rivaux; et le vulgaire en est venu à ce degré de folie, de ne vouloir trouver du mérite que dans ceux qui possèdent beaucoup; il attribue aux idoles qu'il encense toutes les vertus chimériques que son utilité lui fait révérer : l'inférieur nomma les bassesses auxquelles il se soumit près du supérieur, zèle, amour sincère, fidélité, attachement. De ce commerce de vertus illusoires, sous lesquelles se cache l'intérêt particulier qui n'aime que soi-même et feint d'aimer le reste des hommes, se formèrent mille petits vices, qui ont besoin du contre-poids de mille autres vertus minutieuses que les grands et les petits regardèrent comme des moyens d'augmenter, d'affermir, d'avancer leur fortune. Au faste, à la vanité, à l'arrogance, à la grossièreté, on opposa la politesse, la décence, la gravité, la fermeté, la dignité.

Toutes ces frivolités ne sont que les premiers acheminements au bien-être parmi les hommes. Il est encore bien d'autres démarches pour y parvenir. Je ne m'arrêterai qu'aux plus importantes. Comme aucun secours, aucun bien réel ou idéal ne s'accorde plus *gratis*, et tous les cœurs étant plus enclins que jamais à l'ingratitude, les principales vertus devenues nécessaires sont la probité, la bonne foi, c'est-à-dire des dispositions à ne point frustrer les autres de ce qui leur appartient, à ne point leur nuire ni ouvertement ni par ruse, à remplir exactement ses promesses ou les obligations auxquelles on s'est soumis. Ces sentiments ne sont ordinairement inspirés que par la seule considération qu'on ne voudrait pas recevoir soi-même un pareil traitement. On sait un gré infini à ceux qui observent ces préceptes. Je demande si les hommes devraient avoir besoin de pareilles leçons, si ce n'était la mauvaise économie de la plupart des sociétés. De pareilles vertus ne sont-elles pas la honte de notre espèce ? un homme mérite-t-il des louanges pour n'être pas un perfide, un traître, un voleur, un brigand, ou devrait-il être exposé aux dangers qui l'induisent à ces crimes ?

Cependant, combien de fois l'intérêt ne donne-t-il pas

atteinte à ces faibles restes d'humanité ? combien ne faut-il pas d'examens pour s'assurer que celui avec lequel nous traitons est ce que l'on nomme honnête homme ? combien de garants pour prouver qu'il l'est, ou pour l'obliger au moins à agir comme s'il l'était ? Et c'est par ce même intérêt qu'on l'y engage ; c'est ce même motif honteux qui forme les fragiles liens d'amitié ou d'alliance entre les particuliers, en prescrit les devoirs : il assemble également ou dissout les factions, les partis, les cabales les plus odieuses.

Enfin, il serait infini de vous faire une énumération exacte de toutes les pratiques, de toutes les considérations auxquelles une multitude d'intérêts compliqués et d'intrigues entortillées fit donner le nom de vertus, aussi bien qu'il serait impossible de déterminer les nuances de ces coloris de vices. L'inconstante vicissitude de tous ces mobiles du cœur humain forme un concours de désirs, de vues, de projets, dont le mélange produit les événements les plus inattendus, les révolutions, les catastrophes les plus étranges ; accidents que la plupart des hommes attribuent à une fatalité aveugle, parce qu'ils ont la mémoire ou la vue trop courte pour démêler quel est le premier caprice de la fantaisie humaine, qui a donné le branle à ces mouvements extraordinaires, ou qui en change subitement les directions. M. de Voltaire, *Siècle de Louis XIV*, attribue à cette sorte de fatalité les révolutions politiques qui n'arrivent souvent que par le caprice d'un moine, d'une maîtresse, d'un favori, d'un ministre, qui gouvernent nos maîtres. Il ne s'est pas rappelé l'influence que peut avoir sur le sort des nations une insolence telle que celle du jésuite espagnol, qui dit à un grand : Vous me devez du respect ; je vois votre souveraine à mes pieds, et tiens votre Dieu dans mes mains. Il ne s'est pas souvenu de la paire de gants qui avança la disgrâce de milord Marlborough, et contribua au salut de la France.

On voit quel prodigieux appareil de faibles motifs il a fallu aux hommes, pour s'empêcher d'être méchants ou pour tempérer leur malice; combien de précautions pour s'en garantir, parce qu'ils ont manqué ou détruit l'unique et solide moyen de devenir bons, et de ne point cesser de l'être. Mais pour fortifier toutes ces vertus artificielles, on tâcha d'y accoutumer l'homme dès l'enfance. Quelques unes ayant pris racine dans son cœur, à côté des vices qu'on y croyait innés, on s'imagina par la suite que ces vertus étaient aussi des productions naturelles du même fonds; et lorsque rien ne s'offrit à son âme avant la vénération qu'on lui inspira pour certaines opinions, ni avant l'apprentissage de quelques pratiques, il se persuada lui-même que ces préjugés étaient autant d'éternelles vérités.

Notre MORALE, appuyée sur les débiles fondements des conventions tacites et des préjugés dont je viens de vous entretenir, modéra, à la vérité, les fureurs du scélératisme et du brigandage, en rendant odieuse toute action violente; mais elle ne détruisit point la cause fatale qui contraint souvent le malheureux à y avoir recours : elle devait trouver des moyens sûrs de faire cesser toute misère, et elle ne s'appliqua qu'à chercher d'inutiles consolations que n'écoutent ni la faim ni la cupidité; elle n'oppose au crime que d'inefficaces exhortations, motivées par la honte ou par des spéculations idéales de biens, peu capables de balancer un sentiment actuel de douleur ou de désirs excités par la présence d'un objet attrayant. Il fallut donc donner aux préceptes de cette morale une force menaçante qui inspirât la crainte. Ils devinrent des lois qu'il ne fut plus permis de violer qu'en subissant des peines plus rigoureuses que le mal qu'on voudrait éviter en leur désobéissant; mais alors, semblables à de timides reptiles,

les forfaits se cachèrent comme sous l'épais feuillage de cette forêt de préceptes et de préjugés; ils se couvrirent de toutes les machines inventées pour les détruire, et s'en armèrent quelquefois.

Corruption des pouvoirs politiques.

J'en viens à l'autorité suprême, établie chez nous pour le maintien des lois, et qui a la force de contraindre les hommes à les observer. Cette puissance souveraine qui devrait être la protectrice des droits de la nature et de l'humanité, telle qu'elle fut, dit-on, autrefois à la naissance de chaque peuple, où l'autorité paternelle, établissant une parfaite égalité entre les frères, montrait au reste de la nation l'exemple du plus doux des gouvernements; cette puissance, dis-je, après avoir été dans les temps de barbarie la proie du plus fort et du plus audacieux, un pouvoir presque aussi inhumain et aussi cruel envers ceux qui s'y soumettaient librement qu'envers ceux que la force des armes rendait ses esclaves, a pris, dans les temps plus calmes, une teinture des vertus apparentes et des vices mitigés, selon lesquels les hommes se sont avisés de régler leur conduite.

Vers le monarque, comme le sang vers le cœur, se portent, se rassemblent toutes les richesses de l'État; mais ce sang, reversé sans économie, regorge en certains vaisseaux, ne se porte qu'en très-petite quantité dans d'autres, et laisse toujours les extrémités dans une froide paralysie, sans force, sans vigueur. On ose, après cela, comparer à une divinité bienfaisante, une faible splendeur, dont les rayons, interceptés par quelques corps environnants qui les absorbent, portent à peine leur influence au-delà de leur source. Qu'est la grandeur de ces souverains, protecteurs d'une patrie délabrée, esclaves de la flatterie et d'une vaine ombre d'autorité que possèdent des grands ou des ministres insolents, qui deviennent eux-mêmes esclaves de leurs propres créatures, comme les peuples le sont de la misère et du joug qui les opprime sous le nom d'un maître qui les croit heureux ? Quelques uns de nos monarques tentent de gouverner eux-mêmes, et ont assez de capacité et de courage pour se charger de ce fardeau ; combien de difficultés ne trouvent-il pas à rompre les fers de cette honorable captivité ? Combien d'obstacles ne rencontrent-ils pas quand ils veulent rendre à l'humanité les services généreux qui leur méritent véritablement le titre de héros ? Combien de résistances à vaincre de la part d'une infinitité de volontés, dépravées par les préjugés et les vices ? Combien de fausses maximes, de coutumes folles ou pernicieuses, à détruire dans la constitution ordinaire des sociétés qu'ils gouvernent ?

La souveraine puissance, dans quelques unes de nos contrées, semble aux peuples plus éclairée, plus vigilante, et son autorité plus douce, parce qu'elle est partagée entre plusieurs têtes, et qu'elle laisse une apparence de liberté que l'homme idolâtre, tout imaginaire qu'elle est : ce pouvoir divisé ne change rien à l'inégalité monstrueuse que la propriété et l'intérêt ont mise entre les conditions ; et le malheureux n'a tout au plus, dans ces sortes de gouvernements, que la triste consolation de pouvoir se plaindre hautement. Il y a quelquefois moins d'indigents que dans un Etat où règne un seul maître ; mais l'infortune est toujours le partage du plus grand nombre : les peuples n'y sont point esclaves des caprices du pouvoir arbitraire ; ils n'en sont pas moins soumis à la rigueur des lois, qui sont partout à peu près aussi insuffisantes, aussi incapables d'adoucir nos maux. Les maîtres, que ces peuples se donnent à leur gré, peuvent, en se conformant à la sévérité de ces règles, opprimer le peuple par principe d'équité, de devoir, et mériter des éloges en exerçant une tyrannie contre laquelle on ne peut réclamer sans abroger les lois.

Distinctions bizarres entre les différentes professions.

Les mêmes préjugés, qui ont mis des distinctions qui ne devaient point être entre les mortels, en ont mis entre les professions, les talents; ils ont avili les uns et fait valoir les autres, comme ils ont avili l'âme, l'esprit, par l'ignorance et la grossièreté chez ceux qui se sont vus les rebuts de l'humanité; ils ont réveillé, animé l'industrie chez ceux qui ont pu concevoir l'espérance de sortir de la fange; ont élevé le courage et enflammé l'imagination chez ceux qui se sont crus au-dessus du reste du vulgaire, et prétendent s'y maintenir.

On a nommé vils artisans les personnes continuellement occupées à repousser la misère, et qui ne sont appliquées qu'à des travaux pénibles, rustiques, bas et serviles, qui n'ont besoin que de la direction d'un instinct naturel, un peu plus relevé dans l'homme que dans la bête; on a nommé artistes ceux qui se sont rendus nécessaires aux riches et aux pauvres, par l'invention de quelque commodité; on a nommé sages, savants, législateurs, hommes d'état, ceux qui ont réfléchi, raisonné, systématisé, réduit en art, en préceptes, toutes nos prétendues vérités, réglé nos pratiques, nos usages, le mécanisme de nos sociétés, de notre gouvernement.

Les intérêts de la patrie n'étant plus les nôtres que dans un éloignement qui nous en rend les effets imperceptibles, nous lui rendons des services dont l'importance n'est plus mesurée sur la réalité des peines que nous prenons pour elle, mais sur la dignité idéale de la profession que nous exerçons. C'est sur cette considération seule que se mesurent nos services, et sur les besoins actuels que se proportionnent nos récompenses. Ainsi le pauvre est contraint, par la nécessité, de se contenter d'une fort modique rétribution ; et le riche, qui peut demeurer oisif, ou ceux dont l'opinion a mis les talents en crédit, se font amplement payer de peines fort légères. Or, la puissance souveraine, qui a besoin de l'aide de tous ces talents pour gouverner, verse sur eux des dons qu'elle est obligée de lever sur les plus malheureux. De là cette énorme disproportion avec laquelle les richesses de l'État, qui coulent vers le monarque, se répandent et se portent vers les parties qui ont la force de les attirer, sans compter ce qu'en absorbe la faveur ou l'avarice des grands : de là cette fatale distinction entre les richesses de l'État et celles du particulier.

Est-il possible de dire, dans l'ordre naturel, que le cœur est faible et les membres vigoureux, ou qu'un cœur plein de force puisse laisser les membres sans vigueur ? cela arrive pourtant dans l'ordre de notre politique, au moins alternativement · de là cet éloignement, cette espèce de haine du sujet pour la patrie, et cette dureté de la patrie pour le plus grand nombre de ses enfants. Qu'ai-je affaire, dit le malheureux, que l'on me persécute pour contribuer aux besoins de l'État, de sa prospérité, si elle est pour moi un néant, sans aucune influence favorable ? qu'il périsse : ses malheurs ne peuvent augmenter les miens ; peut-être même des débris de sa chute retirerai-je quelque avantage. Qu'importe, dit le politique, ou celui sur lequel ne tombe point le poids de ce qu'exige le gouvernement, que quelques milliers d'hommes périssent de misère, ou traînent une vie déplorable, pourvu qu'en général la république soit florissante ?

Causes des guerres, infamie des conquérants.

Dans les temps malheureux où les hommes s'avisèrent de partager entre eux les campagnes, les forêts, les pâturages, les animaux domestiques, les rivières même et les lacs, il ne se conserva plus que quelque apparence d'union entre ceux qui se trouvèrent rassemblés dans une même contrée et s'accoutumèrent à y vivre paisiblement ensemble, parce que les intérêts particuliers, quoique divisés, n'étaient point alors assez considérables ni assez multipliés pour porter les membres d'une même société à des ruptures sanglantes, puisqu'il s'observe quelque discipline, même entre des brigands. Mais à mesure que les peuples changèrent de demeure et s'éloignèrent les uns des autres, ces nations, devenues respectivement étrangères, ne se regardèrent plus que comme des animaux de différente espèce. La fureur de s'approprier, modérée, retenue par quelques égards entre gens d'un même pays, se crut tout permis contre ceux avec qui ils n'avaient rien de commun; chacun pensa rendre service à la société, en détruisant ou éloignant un autre peuple de son voisinage. De là les guerres injustes et cruelles entre les nations, maux terribles qui coulèrent de la même source qui cause les moindres animosités, les moindres querelles entre nos propres enfants.

De quels traits pourrai-je dépeindre des horreurs dont la voracité des animaux les plus cruels ne firent jamais voir aucun exemple? Une espèce entière ne se rassemble point pour détruire l'autre. Deux nations couvrent leurs frontières d'une multitude prodigieuse d'hommes. On se rencontre, on se choque avec une impétuosité aveugle. On a vu, hélas! des humains se baigner avec joie dans mille cruautés, insulter, avec raillerie, aux malheureuses victimes de leur rage, et des nations entières se disputer l'honneur d'être la plus méchante. Si quelquefois la nécessité contraignit les hommes à se porter à ces détestables excès, ils se firent bientôt une habitude, une gloire de s'y livrer sans prétexte et sans causes. Les plus hardis et les plus méchants se rendirent redoutables, même à leurs propres compatriotes (car qui ne craint pas de perdre la vie est bientôt maître de celle des autres). Il n'y eut aucun honneur que ne s'attribuât leur arrogance, soit près des leurs, soit près des vaincus. On fit une vertu de la bravoure et de l'intrépidité. Il est vrai que, depuis que la guerre fut devenue un mal nécessaire, au moins pour une juste défense, il fallut exciter une partie des hommes, par des motifs de gloire et d'intérêt, à s'exposer aux plus cruels dangers pour conserver une nation.

Ce fut, sans doute, la crainte ou l'étonnement qu'inspira la frénésie que l'on nomme valeur guerrière, autant que les services qu'elle rendit à ceux qu'elle enrichit, qui fit diviniser cette manie et le nom terrible de conquérant qui devrait être le plus infâme de tous les noms.

Bien plus, les hommes, par l'enchaînement d'erreurs qui les précipitèrent dans ces désordres, et dans la nécessité de subsister par des crimes, devenus odieux à eux-mêmes, se crurent odieux à la Divinité; ils firent des idoles de tout ce qui les épouvanta ou leur fut utile, et poussèrent la folie jusqu'à décorer l'Être Suprême de tous les attributs qu'ils révèrent dans les plus détestables créatures, la colère et une vengeance impitoyable.

C'est par la forte impression de ces préjugés sur les esprits, et, en général, par tous ceux qui excitent dans l'homme le désir de dominer, aussi bien que par l'appât du gain, qu'il fallut engager des citoyens, qui ne tiennent plus à la patrie par un amour sincère, à lui rendre des services périlleux. C'est encore par les mêmes préjugés que ceux qui nous gouvernent, étant, comme nous, gouvernés eux-mêmes par la flatterie ou par le malheureux esprit de propriété et d'intérêt qui règne dans l'univers, disposent des richesses, emploient les forces de la société au gré de leur ambition. Si, à présent, les peuples, moins féroces, ne s'attaquent plus sans sujet, si même on a réglé dans quelles circonstances les hommes peuvent légitimement s'égorger, je demande si la gloire de la nation, sa prééminence, ses prétentions, mille autres prétextes que l'on nomme raison d'état, et, plus que tout cela, la grandeur particulière d'une seule famille, qui fait entreprendre des guerres ruineuses, sont dans la réalité autre chose qu'un extérieur pompeux qui couvre nos misères?

Dépravation des passions, et en particulier de l'amour.

Les moralistes et les législateurs prétendent sonder les sombres replis du cœur; ils vont y chercher la cause et l'origine de ses désordres; une morale au front sévère leur dit que la source de nos passions est empoisonnée; que font-ils? ils veulent tarir cette source et en arrêter le cours : c'est à quoi ces sages travaillent depuis tant de siècles; les uns s'occupent d'un infructueux examen de nos maux, et se méprennent toujours sur la véritable cause; les autres se contentent de satiriser et de déplorer la condition des hommes; plusieurs imaginent mille projets pour réformer nos mœurs : mais qu'opposer à la multitude des vices? préceptes d'amitié, d'amour de la patrie, d'amour filial ou conjugal; préceptes de générosité, d'équité, de reconnaissance, de grandeur d'âme, de courage, de fermeté, de valeur, de patience, de modération; préceptes de soumission, d'obéissance, de fidélité, de douceur, de complaisance; lois d'honneur, d'intégrité, de justice, de désintéressement, de bonne foi, de bienséance, de pudeur : telles sont les leçons qui se dictent dans les écoles de la vertu.

Les lois et la morale ont voulu étouffer le plus doux, le plus paisible comme le plus puissant des sentiments de notre âme, sa respiration, sa vie, sous les dehors de bienséance; elles ont voulu l'assujettir, comme toute autre passion, au culte de *l'intérêt*, aux préjugés d'honneurs, de rangs, de dignités, parce qu'elles ont prévu que, si elles le laissaient libre, il ne pourrait s'accorder avec toutes ces chimères; et c'est précisément en le voulant rendre leur esclave, qu'elles en ont fait une débauche effrénée.

Otez l'intérêt de la terre
Et vous en bannirez la guerre...

J. B. Rousseau.

et l'amour rentrera dans ses droits; il cessera d'être un volage, un infidèle, un séducteur; on ignorera le mot infâme de prostitution; jamais une beauté ne rougira de devenir mère, et ne fera de criminels efforts pour éviter de le paraître.

L'intérêt rend les cœurs dénaturés, et répand l'amertume sur les plus doux liens, qu'il change en de pesantes chaînes que détestent chez nous les époux en se détestant eux-mêmes. Les mariages sont des promesses solennelles de s'aimer toujours, et même après la rupture de cette promesse imprudente on reste éternellement lié. Quelle bizarre contrariété !

Le plus grand nombre des législateurs, et même ceux que l'on estime les plus sages, n'ont point rendu le mariage indissoluble; tous ont senti la dureté et les inconvénients d'une loi qui assujettit à l'impossible, c'est-à-dire à remplir les conditions d'un contrat, quand il arrive que ce qui en fait la base et l'essence ne subsiste plus. Or, pourquoi l'indifférence ou la haine ne rompraient-elles pas, aussi bien que la mort ou l'impuissance, une convention qui n'est fondée que sur l'amour réciproque des parties ?

Sitôt que la morale et les lois, prétendant régir l'homme contre le gré de la nature, ont fait un crime de l'amour et fomenté tous les préjugés qui pouvaient le déshonorer, il est devenu volage, lascif, effronté, dissolu. Faut-il s'en étonner ? notre âme, faite pour tout ce qui mène vers les plaisirs par une pente douce et facile, perpétuellement privée de ce doux breuvage, en contracte une soif si furieuse qu'elle se suffoque pour l'étancher. Les lois ont beau crier alors, elles ne sont plus écoutées ; il faut qu'elles tolèrent des excès qu'elles n'ont pas eu la prudence de prévenir ; et c'est en cela qu'il semble que la Providence se plaise à manifester la faiblesse des lois humaines, et à les punir d'avoir, pour excuser leur impuissance, accusé la nature d'être imparfaite ou vicieuse.

Quand ceux qui prétendent régler les mœurs et dicter des lois auraient pris à tâche de saper les fondements de toute morale ; ils ne pouvaient rien imaginer de plus efficace que la plupart de leurs ingénieuses constitutions.

O princes et législateurs, vous vous dites les juges et les pacificateurs de vos peuples ; dites plutôt que vos lois, mal conçues, mal digérées, productions systématiques de vos propres rêveries, font naître une multitude prodigieuse d'intérêts, de préjugés divers, éternels sujets de discorde et de crimes auparavant inouïs ; vous êtes obligés de calmer des disputes, des querelles, des plaintes, de réprimer mille injustices excitées par les leçons qu'en donnent vos propres règlements ; vous êtes à chaque instant contraints d'abroger ceux-ci par d'autres contradictoires : mauvais architectes, vous replâtrez un bâtiment qui croule. Les mœurs de vos sujets, semblables à ces liqueurs que trop de ferment agite, se débordent de temps en temps. Vous prétendez réformer la nature, lui prescrire des règles ; vous la rendez furieuse en l'assujettissant à d'inutiles devoirs. Ses leçons sont courtes, précises, énergiques, uniformes et constantes ; le cœur humain en suivra toujours avec plaisir les sages directions, si rien d'étranger ne vient ternir la beauté de ces tables divines. L'évidence de leurs décisions n'a pas besoin de nouvelles lumières. N'en soyez point les interprètes, mais les conservateurs.

Idées que l'homme peut raisonnablement avoir sur la Divinité. Corruption du culte et du sentiment religieux.

L'épreuve presque continuelle que nous faisons de nos forces, de nos raisonnements, de nos délibérations ; l'ordre et le choix que nous mettons dans nos actions, le plaisir et la satisfaction que nous cause le succès, nous font juger avec fondement que le principe à qui nous devons l'être est quelque chose qui a les mêmes facultés que nous, mais aussi supérieures à notre faiblesse que la vaste étendue des cieux les tient éloignés de la terre. Quel que soit enfin le tout puissant auteur de tout ce qui croît et respire, ses bontés égalent son pouvoir ; tout nous fait ressentir ses effets bienfaisants ; le ciel et la terre s'unissent pour nous montrer le plus admirable spectacle, spectacle toujours nouveau, toujours nouvellement orné : nous ne sentons aucun besoin, aucune inquiétude qui ne nous annonce un plaisir ; point de plaisir qui ne manifeste les libéralités et la présence du bienfaiteur.

Il est vrai que nous ne pouvons connaître ni désigner l'auteur de tant de biens, comme nous pouvons distinctement connaître et désigner un père, un ami; mais qu'est-il besoin que nous connaissions de la sorte ce qui s'offre à nous par tant de sentiments pressants? Si cet Être est plus puissant que nous, il est sans doute plus grand que la capacité de nos conceptions. Si ce que nous considérons en nous comme une étincelle de cette lumière infinie nous est incompréhensible, comment, à l'aide d'une faible clarté qui nous éblouit, pourrions-nous voir un océan de splendeur? S'il ne nous est pas possible de connaître la Divinité autrement que par ses dons, profitons de tous les instants de la vie qui peuvent nous procurer quelque plaisir délicat.

Dieu donne l'univers à toutes et chacune de ses créatures, et chaque créature d'une espèce à cette espèce entière : ses bienfaits sont si grands que toutes ensemble ne peuvent les épuiser, ni se nuire dans cette possession, en agissant de concert.

Celui auquel appartiennent toutes les créatures n'a besoin de rien de leur part; mais, comme nous sommes sensibles aux bienfaits parce que nous avons une raison, sans doute la raison infiniment sage et essentiellement bonne, qui n'a besoin de rien, se plaît à prodiguer ses dons à ses créatures, et à les en voir pénétrées; elle aime à les voir agréablement affectées, elle aime à les voir reconnaissantes : c'est un même feu qu'elle allume dans les cœurs, c'est le feu de son culte qui brille sur cet autel vivant. En voici les cérémonies :

L'univers est la demeure de la Divinité, toute sa capacité est son temple; nous n'ouvrons point les yeux à la lumière au sortir des bras du sommeil, que nous ne soyons éblouis de ce voile de sa grandeur : nous la célébrons quelquefois par des chants, et sans cesse par des pensées plus éloquentes et plus rapides que l'harmonie ; premier hommage que nous rendons à sa souveraineté. Nos tables, couvertes de fruits délicats, de breuvages exquis, sont nos autels et nos victimes ; nos sacrifices sont l'emploi que nous faisons de ces choses à notre conservation et au plaisir qui lui est inséparablement attaché ; nos sens sont nos prêtres ; ils nous disent de la manière la plus persuasive : Mortels, soyez pénétrés des bienfaits du Créateur, imitez ses bontés. Toutes les fois que nous nous écrions : Que cette chose est belle, agréable, délicieuse ! nous exprimons des mouvements de gratitude. Nos forces réunies pour les travaux nécessaires à la vie sont les ministres qui préparent nos sacrifices ; le repos et la joie sont nos fêtes, toutes nos actions enfin sont un culte perpétuel.

Ce qui a conduit les nations à charger l'idée générale de la cause première de nouveaux titres, c'est que nous attribuons à Dieu ce que nous estimons. Depuis que l'intérêt et les préjugés ont fait aimer les dons, les honneurs ; depuis que l'homme s'est plu à voir son semblable bassement humilié devant lui, il a cru que la Divinité était touchée des mêmes hommages. Sur les idées d'une justice distributive, qui règle les rangs, les dignités, les possessions et les droits de chaque personne, s'est formée l'idée d'une équité qui, toute arbitraire et muable qu'elle est dans ses règlements, a prêté ses intentions à l'Être qui ne change point ; elle punit des actions criminelles relativement à l'ordre qu'elle établit, parce qu'elles le renverseraient, et elle croit que l'intelligence infinie, se prêtant à ses faibles vues, s'irrite et punit les mêmes crimes.

Des mesures mal prises, entraînant nécessairement avec elles beaucoup de désordre, sont suivies d'une alternative continuelle d'offenses et de réparations entre les membres d'un société réglée sur des principes qui n'ont point de stabilité.

Dans vos républiques, un homme ne peut réparer le tort fait à un autre, reconnaître le domaine ou la supériorité d'un maître, qu'en se dépouillant des choses qu'il a ravies, ou qu'en s'abstenant des choses qui distinguent son supérieur; et il croit émouvoir le divin possesseur de tout par la privation de quelque bien : il ne peut rien lui donner, il détruit, il anéantit, comme par dépit contre soi-même, ce qu'il offre à la source de tous biens, comme s'il prétendait par là faire rentrer ses présents dans ce sein immense.

Dieu a marqué aux hommes un point fixe de bonheur, la nature; les hommes peuvent s'en écarter : quitter ce sentier heureux, est erreur, crime et punition en même temps. Les calamités, les douleurs et les regrets, les remords dans le calme des passions, ne sont point une inutile vengeance d'un maître qui satisfait son ressentiment; ce sont des avis de rentrer dans l'état auquel on compare alors sa misère.

Les lois ont divisé l'humanité et l'ont affaiblie par cette violence; elles ont voulu assujettir ses portions dépecées à des règles qui cessent d'être praticables quand le tout ne subsiste plus : c'est prétendre fixer un sable sans liaison; elles disent à l'homme: « Tu périras, si tu deviens coupable; » et elles le mettent dans la nécessité de le devenir.

Les terribles menaces de vos lois n'empêchent pas qu'on ne les viole; celles que l'on a faites de la part de vos divinités sont encore plus redoutables, et elles n'arrêtent pas les crimes. S'il y a quelqu'un de bon, de bienfaisant, c'est indépendamment de toute crainte. Il était donc inutile que, pour aggraver les misères des mortels, on les effrayât de malheurs futurs, étendus jusqu'au-delà du trépas ; qui n'offre rien d'affligeant, n'a pas besoin de menaces pour se faire obéir. Il en est ainsi de la bonté suprême ; et je crois qu'elle n'a laissé imaginer aux hommes ces terreurs que pour exciter une répugnance qui, choquant la raison, la portât à rectifier en elle l'idée du Créateur, et celle des vrais biens de la créature.

Pourquoi, ailleurs qu'ici, l'âme précipitée d'erreurs en erreurs, des malheurs de ce que vous nommez fortune dans ceux du crime, et du crime dans les remords ou les supplices, prétend-on encore que, délivrée de la gêne et de la contagion qui dépravaient les inclinations relatives à un genre de vie auquel elle ne tient plus ; pourquoi, dis-je, veut-on que, délivrée de ces maux, elle conserve encore quelques traits d'une malignité qui ne l'intéresse plus ?

Où il ne subsiste plus d'erreurs, il ne peut plus subsister de vices ; où il n'y a plus d'égarement, plus de punition.

Ainsi qu'un fer plongé dans une fournaise peut contracter divers degrés de chaleur, de même des fautes légères, des vices ou des crimes, emportent avec eux un inséparable degré de châtiment. Retirez le fer du brasier, et l'homme du lieu ou de l'occasion qui le rendait coupable, l'un cesse d'être ardent, et l'autre cesse de sentir des craintes et des douleurs, en cessant d'être méchant.

Les arrangements mal entendus de vos sociétés causent des désordres qui ne regardent qu'elles, qui ne résistent qu'à leurs intentions ; elles en punissent les hommes : parce qu'elles ne peuvent les rendre bons, elles s'en délivrent : ainsi le châtiment est une marque d'impuissance en elles. En peut-on dire autant de la Divinité ? elle ne châtie point ; elle absout du châtiment en délivrant de l'erreur.

Si la Providence a établi un ordre perpétuellement variable à l'égard de ses créatures, un ordre qui, par une continuelle révolution, revienne sur lui-même, ou qui se perde dans l'infini sans cesser de couler, tout ce qui est contraire aux règles de ce cours, est immanquablement puni, soit par l'erreur et les maux qui la suivent, soit par le néant.

Derniers conseils donnés aux hommes.

.... Et toi, Humanité, sois maintenant libre et paisible, ne forme plus qu'un grand corps organisé par les accords d'une unanimité parfaite; que la variété infinie de désirs, de sentiments et d'inclinations se réunisse en une seule volonté, qu'elle ne meuve les hommes que vers un unique but, le bonheur commun; que, semblable à la lumière, cette félicité s'étende également à tous. Sois la mère commune d'une famille heureuse; que rien n'appartienne qu'à toi; qu'une multitude de bras rassemble dans tes trésors les fruits de l'abondance et les ouvrages de l'industrie; qu'ils y reversent sans cesse plus que n'y peuvent puiser les besoins de la nature. Tu ne seras plus asservie à l'incertitude d'une foule d'opinions absurdes ou honteuses; tu ne seras plus obsédée d'une foule de préjugés insensés; tu ne seras plus tyranniquement forcée de renoncer à tes propres lumières pour admettre ou pour concilier des contrariétés révoltantes... Tu n'érigeras plus des temples au monarque des cieux; l'univers est le moindre ornement de son sceptre, tu es moins destinée à lui faire rendre de vains honneurs qu'à porter les hommes à exécuter ses intentions: fais qu'ils s'aiment, qu'ils s'entr'aident comme fils d'un même père; touchés de bienfaits réciproques, pourront-ils méconnaître ceux de la cause première? C'est en cela seul que consiste l'essence de toute vraie religion; tout le reste n'est qu'une artificieuse imposture par laquelle on élude les intentions de celui qui, infiniment bon, veut absolument n'être honoré que par les services effectifs et réels par lesquels tous les hommes doivent réciproquement se préserver, non seulement de toute indigence, mais de toute crainte, de toute inquiétude et de tous soucis temporels.

FIN.

TABLE DES MATIÈRES.

ANALYSE RAISONNÉE

DU SYSTÈME SOCIAL DE MORELLY.

CODE DE LA NATURE.

PREMIÈRE PARTIE.

Défauts des principes généraux de la politique et de la morale.

DEUXIÈME PARTIE.

Défauts particuliers de la politique.

TROISIÈME PARTIE.

Défauts particuliers de la morale vulgaire.

QUATRIÈME PARTIE.

Modèle de législation conforme aux intentions de la nature.

FRAGMENTS IMPORTANTS DE LA *BASILIADE*.

FIN DE LA TABLE.

BIBLIOTHEQUE ROYALE
I

www.ingramcontent.com/pod-product-compliance
Ingram Content Group UK Ltd.
Pitfield, Milton Keynes, MK11 3LW, UK
UKHW020550180726
13838UKWH00001B/150

9 782329 288222